나는 어떻게 삶의 해답을 찾는가

THE LAW OF LIFE

나는 어떻게 삶의 해답을 찾는가

고명환의 독서 내공

라곰

좋아하는 것, 잘하는 것, 돈 되는 것 등등이 머릿속에 복잡하게 엉켜 있었는데, 고명환 작가님 책을 읽고 바로 풀렸습니다. 문제는 질문이 잘못되어 있었다는 것. '가치 있는가'로 바꿨더니 제 목표와 해야 할 것이 뚜렷해지더군요. 좋은 책 써주셔서 감사합니다. _@saycolibrary

작가님께 저의 첫 승전보를 전합니다. 작가님의 책을 읽고 제 삶의 자세와 태도를 바꾼 지 108일째 되는 날, 드디어 책 100권을 돌파했습니다. 15년간 단 한 권의 책도 안 읽은 제가 매일 독서하는 사람으로 바뀌었어요. 그냥 저절로 해낸다는 말을 체감하고 있습니다. _유호찬

중요한 건 미리미리, 매일 100번씩 목표 외치기, 질문을 마음에 품고 책 읽기. 고명환 님의 책을 읽고 내 삶에 적용하는 것들이다. _김서현

저는 직업 특성상 고객들에게 화분을 자주 선물하는데요, 오늘부터는 고명환 작가님의 책을 보내드리려고 합니다. _중앙이여사

'10쪽 독서법'과 '웃어라', 이 두 가지를 매일 실천하고 있습니다. 아침에 일어나면 거울 보며 많이 웃고 있고요. 어제는 매출이 안 나오는 상황에서도 손님 한 분 한 분께 더 신경 쓰고 감사하는 마음으로 웃었습니다. 약

간 어렵던 책도 10쪽이라 생각하니 부담이 없어지고 즐겁고요. 그동안 저 멀리 희미한 빛이 보이는 캄캄한 터널을 가는 것 같은 느낌이었는데 작가님 덕분에 힘이 납니다. _김현진

고명환 님 믿고 따라 하고 있습니다. 정말 신기해요. 정신도 맑아지고 명확해지고. 이 좋은 걸 알려주고 나누어주셔서 감사합니다. _ RossaJung

남성 머리 전문점을 운영하고 있습니다. 브랜드를 고민하던 중 작가님을 만나고, 책에서 지식을 얻을 수 있다는 말을 읽고 깜짝 놀랐습니다. 고맙습니다. _seonghyeond

고명환 님의 책을 만난 건 행운이었습니다. 지금도 책 읽다가 지치면 작가님 책으로 돌아가서 다시 읽고 힘을 냅니다. 덕분에 책 읽다 지친 것을 책 읽고 회복하는 놀라운 경험을 해봅니다. _ @success.mentors365

고명환 님의 책을 읽고 진정성 있게 매일매일, 꾸준하게, 욕심 없이 해보겠습니다. 제 인생의 큰 터닝포인트가 되어주셔서 감사합니다. 1년 뒤 변화된 모습 꼭 보여드릴게요. _ @☆악동&CHILD☆

가장 어려운 길이
가장 빠른 길이다

작년에 가게를 두 곳 더 열었다. 하나는 목동에 있는 갈빗집이고, 다른 하나는 마곡에 있는 메밀박이(메밀국수+차돌박이) 집이다. 그리고 두 가게 모두 최근에야 처음 매장을 오픈할 때 세웠던 목표 매출을 달성했다. 메밀박이는 목표를 달성하기까지 두 달하고 8일이 걸렸고, 갈빗집은 무려 363일이 걸렸다.

하나는 두 달, 하나는 1년이 걸렸지만 결국에는 목표 매출을 달성했다. 당연히 목표에 도달하기까지 과정은 쉽지 않았다. 주변 사람들은 "한 달 안에 안 되면 빨리 접어야 한다", "광고를 좀더 해봐라", "메뉴를 좀더 늘려보면 어떻겠냐" 등 아낌

없이 조언을 해주었다. 매일 이런저런 말들이 이곳저곳에서 들려왔다.

하지만 난 절대 흔들리지 않았다. 나름 나를 아끼는 분들이 들려주는 말인데도 말이다. 물론 독불장군처럼 아무 말도 듣지 말라는 소리가 아니다. 자신의 확고한 기준을 세우고 다른 사람의 의견을 참고만 하라는 것이다. 종이 한 장만큼의 미세한 차이라고? 그렇다. 하지만 그 차이가 결국에는 엄청난 차이를 만든다.

무슨 일을 하든 세상을 보는 나의 시각과 흔들리지 않는 태도가 중요하다. 이건 이유 없는 고집이 아니다. 물론 '내가 하고 있는 게 맞는 건가', '나의 때는 언제인가'라는 두려움은 생기겠지만.

이럴 때 필요한 것이 바로 책이다. 문제의식을 품고 질문을 던질 수 있다면 답은 늘 책 속에서 찾을 수 있다. 반칠환 시인의 시 〈새해 첫 기적〉에는 이런 구절이 나온다.

황새는 날아서

말은 뛰어서

거북이는 걸어서

달팽이는 기어서

굼벵이는 굴렀는데

한날한시 새해 첫날에 도착했다.

_〈새해 첫 기적〉 중에서

모두에게는 각자의 속도가 있다. 갈빗집은 1년간의 시간이 필요했고, 메밀박이는 두 달의 시간이 필요했다. 한 가게는 더 노력했고, 다른 한 가게는 덜 노력했기 때문이 아니다. 가게마다 위치의 특성, 메뉴의 특성이 있다. 그러니 하나는 두 달 만에 목표에 도달한 반면 다른 하나는 1년이란 적지 않은 시간이 필요했다.

소요 시간은 달랐지만 두 가게 모두 목표에 도달했다. 황새는 날아서, 거북이는 걸어서, 굼벵이는 굴렀지만 모두가 한날한시에 목표한 곳에 도착한 것처럼 말이다. 남과 비교하지 말고, 나를 믿고 나아가면 누구나 원하는 목표에 다다를 수 있다.

우리는 모든 걸 쉽게 하려고 한다. 쉽게 일하고, 쉽게 돈 벌고, 쉽게 성공하려 한다. 매일 출근하지 않고 여행이나 다니면서 저절로 벌어지는 돈으로 쉽게쉽게 살려고 한다. 하지만 이렇게 쉽게 풀리는 인생이 있을까?

쉽다는 게 뭔지 생각해보자. 쉽다는 게 우리에게 정말 좋은 것일까? 우리는 건강을 위해 운동을 한다. 운동은 쉬운가? 쉽지 않다. 하지만 운동을 하지 않고 빈둥빈둥 누워만 있으면 건강을 해친다는 것을 안다. 그래서 힘들지만 운동을 한다. 건강을 유지하는 쉬운 방법이 바로 운동이기 때문이다.

이해가 되는가? 쉬운 것만 찾고 쉬운 길로만 가려 하면 몸이 점점 더 고통스러워진다. 정신도 몸과 똑같다. 어려운 길로 단련하지 않으면 정신도 병든다.

식당으로 성공하기 쉬운 방법은 몸을 힘들게 하는 것이다. 몸이 편하고 쉬우면 식당은 망한다. 음식의 기본인 육수는 직접 끓이지 않고 쉽게 사다 쓸 수 있다. 실제로 많은 식당이 그렇게 한다. 맛의 수준이 똑같다. 경쟁에서 이길 수 있겠는가? 반면 몸이 힘들게 직접 육수를 끓이면 돈은 쉽게 벌 수 있다.

지금 이 글을 쓰기 전에 어렵게 책을 많이 읽었다. 엉덩이가 아프고 눈도 빡빡하고 나가서 놀고 싶기도 하다. 하지만 이렇게 어렵게 책을 읽고 나면 글이 쉽게 써진다는 것을 알기 때문에 힘들어도 읽는다.

일부러 어려운 길을 택해보라. 남이 하기 싫어하는 일을 나서서 해보라. 남이 하기 싫어하는 일을 즐기며 할 수 있는 경지에 이르면 당신의 삶은 쉬워진다. 어떻게 하면 돈을 벌고, 어떻게 하면 보람되고, 어떻게 하면 의미 있는 삶을 사는지 알게 된다. 어려운 길로 들어가서 쉬운 길로 나온다. 이게 인생의 선순환이다.

어렵게 시작해서 쉽게 살 수 있는 최고의 방법이 독서다. 독서는 어렵다. 무엇보다 힘이 든다. 독서가 좋다는 걸 알면서도 하지 않는다. 아니 못 한다. 그만큼 힘든 것이다. 그런데 힘들기 때문에 힘든 만큼 쉬워진다. 영상 강의를 보는 것은 책을 읽는 것보다 쉽지만 책만큼 효과가 좋지는 않다. 하지만 하루에 10시간 이상 책상에 앉아 있어보라. 단 하루 만에 스스로 느끼는 자신감이 대단히 높아질 것이다. 독서의 힘이다.

어려운 길을 택하라. 시간이 지나면 루틴이 생기고 그 어렵던 길도 편하게 느껴진다. 난 지금 육수 끓이는 게 너무 편하다. 식당을 하는 사람 중에 육수를 직접 끓이는 사람이 없으니 내 육수를 맛보면 바로 단골이 된다. 어려운 길이 진정 가장 쉬운 길이다.

쉽게 성공하는 법, 쉽게 돈 버는 법은 없다. 쉽게 성공한 사람은 쉽게 나락으로 떨어지고, 쉽게 번 돈은 쉽게 날아간다. 이건 역사적으로 검증된 진리다.

어려운 길은 고귀하다. 내 희생을 갈아 넣었기 때문이다. 세상은 당신의 희생을 알고 보상해준다.

난 1000일, 2000일, 3000일 계속 아침 긍정 확언을 외치겠다. 어려운 길이다. 하지만 죽음 앞에 갔을 때 내가 살아온 이유를 찾기에는 가장 쉬운 방법이다. 그래서 오늘도 외친다.

"나는 일부러 쉬운 길이 아닌 어려운 길로 갔다."

차례

3 기다리는 동안 무엇을 해야 하는가

4 끌려가지 않는 삶의 시작, 낙타 단계

5 오롯이 나에게 집중하는 용기 있는 삶, 사자 단계

6 나만의 철학으로 세상을 움직인다, 어린아이 단계

읽고,

질문하고,

기다려라.

절대 일어나지
않을 것 같던 일들이
내 눈앞에 펼쳐질 것이다.

1

왜 읽어야
하는가

"어쩌다 내 인생이
이렇게 됐지?"

고향 친구 중에 서울에 있는 명문 대학을 졸업하고 대기업에 다니는 친구가 있다. 하루는 그 친구와 술을 마시는데 한창 분위기가 무르익었을 즈음 친구가 내게 이런 말을 꺼냈다.

"우리 나이가 되면 알아. 임원으로 승진할지, 못 할지. 난 아무래도 승진 못 할 것 같아."

항상 자신감 넘치는 친구가 이런 말을 하는 것이 걱정스러웠다.

"그래서 퇴직하고 나면 뭐를 할까 생각해봤는데, 내가 할 수 있는 게 아무것도 없더라고. 하루는 너무 답답해서 편의점, 치킨집, 커피숍 같은 프랜차이즈를 어떻게 할 수 있는지, 투자금은 얼마나 드는지 검색해봤어. 그러다 내가 너무 한심하다는 생각이 들더라. 학교 다닐 때는 전교 1등을 하라고 해서 전교 1등을 했고, 좋은 대학에 가라고 해서 서울에 있는 좋은 대학을 졸업했고, 대기업이나 공기업에 가라고 해서 대기업에 들어갔어. 그런데 오십이 넘어 퇴사하고 다른 일을 해보려고 하니 할 줄 아는 게 아무것도 없더라고. 명환아, 내 인생이 어쩌다 이렇게 됐지?"

나 역시 뭐라 해줄 말이 없었다. 그날 내가 해줄 수 있는 거라곤 그냥 술을 같이 마셔주는 것이었다.

다음 날 찜찜한 마음으로 최진석 교수님의 《인간이 그리는 무늬》를 읽다가 한 구절에서 무릎을 탁 쳤다.

우리는 대답하는 데 익숙해져 있어서 문제다. 질문에 익숙한 사람이 되어야 한다.

_《인간이 그리는 무늬》 중에서

나는 어떻게 삶의 해답을 찾는가

어쩌면 내 친구는 그동안 대답만 잘하는 삶을 살아온 건지도 모른다. 대답을 잘해서 전교 1등을 하고, 대답을 잘해서 서울에 있는 명문 대학에 가고, 대답을 잘해서 대기업에 들어갔다. 어제 혼잣말처럼 했던 "내 인생이 어쩌다 이렇게 됐지?"가 아마 자신에게 진지하게 던진 최초의 질문은 아니었을까.

그 친구가 잘못했다는 게 아니다. 전교 1등을 하려면 인생에 대해 질문할 여유가 없다. 주어진 교과목을 공부하기도 벅차다. 서울에 있는 좋은 대학에서 좋은 성적을 유지하는 것도 그렇고 대기업 입사 공부도 그렇다. 좋은 대답을 하기 위해 준비할 시간조차 부족하다. 자기 자신에게 질문할 시간도 없고 여유도 없다. 이게 우리가 살고 있는 세상이다. 나도 그렇게 살았고 다른 사람들도 그렇게 산다.

그래서 우리는 책을 읽어야 한다. 틈틈이, 어떻게든 책을 읽어야 한다. 책은 세상의 공격으로부터 우리를 방어하는 든든한 무기다. 전교 1등, 좋은 대학, 대기업을 위해 수많은 정보들이 내 머리를 공격한다. 받아들이기도 바쁘다. 그 와중에 책을 읽는다는 건 내가 세상을 공격하는 것이다. '공격이 최고의 방어'라는 말이 있듯이 수많은 정보들에 끌려다니지 않으려면 책을 읽어야 한다.

대답을 위한 정보들로 가득 찬 내 머릿속을 질문으로 정화시키자. 그래야 산다. 그래야 끌려다니지 않는다. 내 삶을 지배하고 싶다면, 책을 읽고 자신에게 질문을 던져야 한다. 그리고 이건 조금이라도 어릴 때부터 시작해야 한다. 학교에서부터 대답하는 삶을 시작하고 그렇게 계속 살다 보면 순식간에 나이 오십이 훌쩍 넘어 있는 자신을 발견할 것이다. 그러니 지금 당장 질문을 던져야 한다.

"나는 왜 공부하는가?"
"나는 무엇을 하고 싶은가?"
"나는 왜 돈을 버는가?"
"나는 언제 행복한가?"
"나는 왜 태어났는가?"
"나는 누구인가?"

이런 질문들을 자신에게 끊임없이 던져라. 그런데 대답하는 삶을 사는 사람에게 이런 질문들은 쉽게 떠오르지 않는다. 공

나는 어떻게 삶의 해답을 찾는가

부하고, 숙제하고, 쏟아지는 정보를 쫓아가기 바쁘기 때문에 질문할 여유도 없다. 그렇게 질문은 던지지 않고 대답만 하는 삶을 살다 보면 반쪽짜리 세상에 갇혀버린다.

그러니 일부러 시간을 내서 책을 읽어라. 그래야 자신에게 질문을 던질 수 있고, 그에 대한 답을 찾을 수 있다.

우리는 대답의 세상이 아닌 '질문의 세상'을 살아야 한다. 대답의 세상은 끌려가는 세상이고, 질문의 세상은 '내가 끌고 가는 세상'이다. 내가 지배하는 세상이다. 대답보다 질문을 더 많이 해야 하는 이유다.

늦지 않았다. 자신에게 던질 결정적인 질문을 찾아보자. 좋은 질문 하나면 인생이 바뀐다. 지금! 바로 지금! 질문을 던져라. 보라. 책을 읽고 있으니 질문이 계속 떠오르지 않는가. 당신은 이제 절대 끌려다니지 않는다.

파이어족을 꿈꾸는
당신에게

언젠가부터 '파이어FIRE족'이라는 말이 유행처럼 널리 쓰이기 시작했다. 'Financial Independence, Retire Early'의 앞 글자를 딴 줄임말인 파이어족은 경제적 자립을 이루고 자발적인 조기 은퇴를 추진하는 사람들을 일컫는 말이다.

난 파이어족을 꿈꾸는 사람들에게 이렇게 묻고 싶다.

"당신은 조기 은퇴 후에 무엇을 하며 살겠습니까?"

이 질문에 대한 명쾌한 답 없이 파이어족을 꿈꾼다면 당신은

나는 어떻게 삶의 해답을 찾는가

그냥 현실에서 도망치고 싶은 것이다. 현재 일하는 상태, 지금의 경제 상황에서 도피하고 싶은 것이다. 그저 막연하게 파이어족이 되면 '출근하지 않고 여행이나 하고 유튜브나 찍으면서 편하고 자유롭게 살아야지'라고 생각하는 것이다.

문제는 이렇게 막연하게 생각하는 사람은 절대 파이어족이 될 수 없다는 것이다. 정확하고 구체적으로 계획을 세워도 목표를 달성할까 말까인데 막연하게 일찍 은퇴해서 편하게 놀고 먹고 싶다라는 생각으로는 절대 아무것도 이룰 수 없다.

여기서 또 하나 묻고 싶다.

"도대체 30~40대에 조기 은퇴하고 이후 50~60년은 뭘 하면서 지낼 것인가?"

파이어족을 꿈꾸는 사람들은 스스로 창의적인 생산을 하는 것이 아니라 누군가의 지시에 의해 생산을 하기에 생산 활동 자체가 즐겁지 않은 것이다. 스스로 창의적인 생산을 하는 사람들은 절대 파이어족을 꿈꾸지 않는다. 은퇴할 생각이 없다. 창조하는 순간이 가장 행복하기 때문이다.

'돈을 많이 벌면 일하지 않고 편하게 즐기며 살아야

지'라는 생각부터 버려야 한다. 그런 날은 오지 않는다. 돈을 많이 벌어도 당신이 지금 털어버리고 싶은 그 힘든 상태, 그 혼돈은 계속된다. 종류만 달라질 뿐이다.

조던 피터슨은 《질서 너머》에서 이렇게 말했다.

> 부자든 가난한 사람이든 혼돈은 계속된다는 점을 반드시 이해해야 한다. 그리고 그것이 삶이다.
>
> _《질서 너머》 중에서_

내 친구 중에 남들이 부러워하는 건물을 여러 채 가진 건물주가 있다. 이 친구랑 만나면 10분 이상 대화를 할 수가 없다. 세입자들로부터 전화가 빗발친다. 전화를 끊을 때마다 "제발 건물이 없었으면 좋겠다"라고 말한다. 돈을 더 벌어 관리자를 두면 되지 않느냐고? 그럼 그 관리자가 또 전화를 할 것이다.

인생에서 혼돈은 제거할 수 없다. 혼돈이 없으면 인생이 아니다. 인간은 극복하며 나아가는 존재다. 그때 쾌감을 느낀다. 혼돈을 제거하려 하지 말고 혼돈을 껴안고 혼돈을 사랑할 수 있어야 한다.

파이어족에 대한 재정의가 필요하다. 진정한 파이어

나는 어떻게 삶의 해답을 찾는가

족의 목표는 경제적 자유라는 단계를 성취해 남이 시키는 일이 아닌 내가 하고 싶은 창의적인 생산을 자유롭게 하는 것이다. 물론 자유로운 이때에도 혼돈은 계속된다.

쉽게 이해할 수 있도록 〈나는 자연인이다〉라는 프로그램을 예로 들어보겠다. 난 그 프로그램에 출연하는 사람들이 파이어족이라 생각한다. 그들은 어떤 방법으로든 돈을 극복한 사람들이다. 그런데 그 자연인들이 하루 종일 아무것도 안 하고 자연을 즐기기만 하는가? 아니다. 혼돈의 연속이다. 계속해서 해결해야 할 일들이 생긴다.

원시시대를 생각해보자. 아침에 눈을 뜨면 그날 먹을 음식을 구하러 가야 한다. 맹수들에게 공격을 받지 않기 위해 뭔가를 만들고 쌓아야 한다. 이런 원시시대의 유전자는 현대를 살아가는 우리 몸속에 그대로 흐르고 있다. 우리 몸에 생산 유전자가 그대로 남아 있는 것이다.

그런 의미에서 난 이미 파이어족이다. 이 글을 쓰고 있는 지금, 욕지도에서 출근도 하지 않고 하루 종일 낚시를 하고 그렇게 잡은 물고기로 요리하고 일출과 노을을 즐기며 하루를 보내고 있다. 단, 새벽 2시에는 꼭 글을 쓴다. 글쓰기가 동반되지 않으면 이렇게 하루를 즐겨도 행복하지 않다. 하루라도 글을 쓰지 않고 낚시를 하고 있으면 뭔가 불안하다. 노는 것도 창의적인 생산이 동반될 때 더욱 즐겁다. 이런 기분 충분히 알 것이다.

부디 아무것도 하지 않는 파이어족을 꿈꾸지 마라. 그런 의미로 진정한 파이어는 죽음밖에 없다. 죽기 전까지 혼돈은 계속된다. 삶은 혼돈이다. 그러니 혼돈, 고통 등과 같은 단어에 휘둘리지 마라.

파이어족을 꿈꾸는 당신이여! 일에서 도망치지 마라. 당당하게 일을 대면하라. 그리고 일을 사랑하라. 지금 하고 있는 일을 도저히 사랑할 수 없다면 그 일을 그만두라. 그리고 사랑할 수 있는 일을 찾아라. 이게 진정한 파이어족이 해야 할 일이다.

나는 어떻게 삶의 해답을 찾는가

유대인들이 전 세계 부를
움겨쥔 이유

헤르만 헤세의 《싯다르타》에서 싯다르타는 친구 고빈다에게
이런 말을 한다.

지식은 전달할 수 있지만 지혜는 그럴 수가 없네.

_《싯다르타》 중에서

세상을 살아가는 데 지식보다는 지혜가 필요하다. 지혜는 깨
달음이다. 깨달음은 스스로 깨우치는 것이다. 누군가 나 대신
깨우쳐줄 수 없다.

나는 왜 태어났는가? 나는 얼마짜리인가? 내가 좋아하는 일은 무엇인가? 남을 위하는 것이 어떻게 진정 나를 위하는 것이 되는가? 이런 질문에 대한 답을 알기 위해서는 지혜가 필요하다. 돈도 마찬가지다. 진정한 부富는 내 안에 가지고 다니는 것이다. 어디에 쌓아두는 것이 아니다.

세계 경제를 장악하고 있는 유대인들은 '하브루타'라는 교육법을 통해 내 안에 지혜를 쌓는다. 하브루타는 나이나 성별에 관계없이 논쟁을 통해 진리를 찾아가는 교육법을 말한다. 유대인 경전인 《탈무드》를 공부할 때 사용하는 방법이지만 모든 교육 과정에 이 방법을 사용한다. 우리처럼 일방적으로 지식을 전달하고 그것을 외우고 확인받는 것이 아니라 토론을 통해 스스로 답을 찾아갈 수 있도록 유도할 뿐이다. 이렇게 교육받은 유대인들은 어디에 데려다 놓아도 그곳에서 부를 쌓는다. 지혜와 깨달음을 얻는 훈련이 되어 있기 때문이다.

하브루타 교육법과 가장 닮은 것이 독서다. 질문을 통해 생각하게 만들어 스스로 답을 찾게 하는 것이다.

책은 우리에게 질문을 던져준다. 질문을 받으면 생각한다. 가장 좋은 책은 가장 많이 생각하게 만드는 책이다. 핸드폰은

10시간을 봐도 우리를 생각하게 하지 않는다. 핸드폰으로 지식을 얻을 수는 있지만 그렇게 얻은 지식으로 깨달음의 경지까지 가기는 어렵다. 방해 요소가 너무 많기 때문이다.

한 달에 하루 정도는 아무런 방해를 받지 않고 10시간 정도 책을 읽고 생각하는 날을 만들자. 조용한 방에 홀로 앉아 책을 읽고, 도서관에 가서 책을 읽어라. 핸드폰은 꺼버리고 오로지 생각의 깊이에 집중하라.

내가 섬에 들어와 글을 쓰는 이유도 더 깊은 생각으로 가기 위함이다. 집에서 글을 쓰다 보면 여러 가지 이유로 생각이 끊긴다. 생각이 끊어지면 처음부터 다시 시작해야 한다. 그러다 보면 깊이 있는 생각을 할 수 없다. 섬에서는 아무런 방해도 받지 않기 때문에 어제 생각을 마친 지점에서 시작해서 오늘은 더 깊은 생각 속으로 뛰어들 수 있는 것이다.

한 달에 딱 하루다. 1년에 열두 번! 이건 할 수 있지 않은가. 내 안에 가지고 다니는 부를 쌓는다고 생각하라. 강남에 있는 몇백억짜리 빌딩보다 내 안에 쌓은 지혜가 훨씬 값어치가 있다. 지금은 믿기지 않겠지만 내면에 지혜를 쌓아보면 안다.

잡채의 재발견

아르헨티나는 한때 세계 5대 경제 대국이었다. 〈엄마 찾아 삼만 리〉는 이탈리아 작가 에드몬도 데아미치스의 단편 소설로 일본에서 애니메이션으로 만들며 유명해졌다. 이 동화의 주인공인 마르코는 이탈리아 소년이고 마르코의 엄마는 이탈리아에서 아르헨티나로 돈을 벌러 갔다. 마르코가 아르헨티나로 엄마를 찾아가는 것이 〈엄마 찾아 삼만 리〉의 내용이다.

이민자들이 아메리칸드림을 꿈꾸며 미국으로 가듯이, 유럽 사람들이 아르헨티나로 돈을 벌러 가던 시절이 있었다. 그런데 지금의 아르헨티나는 어떤가? 한마디로 망했다. 2018년 IMF의

구제금융을 받았고, '오늘이 가장 싸다'고 할 정도로 매일 물가가 치솟고 있다.

아르헨티나가 망한 이유는 생각을 하지 않아서다. 잘 나가던 시절 그 자리에 마냥 머물러 있었다. 생각을 하지 않으면 그 자리에 멈추어 서게 된다.

우리나라가 지금 그렇다. 최진석 교수님도 항상 이런 말씀을 하신다. "우리가 가진 생각의 높이만큼 이미 발전했다. 더 발전하려면, 선진국이 되려면 더 높은 수준의 생각이 필요하다."

이 글을 읽는 당신의 현재 생활이 마음에 안 든다면 그건 생각을 하지 않아서다. 더 나은 삶을 원한다면 생각을 하라. 생각을 위해서 질문을 던지고, 질문을 던지기 위해서 책을 읽어라.

조금 전에 아르헨티나와 관련된 내용을 읽으며 '생각하는 거랑 돈 버는 거랑 무슨 관계가 있는 거지?', '책이 질문을 던져준다고?' 같은 생각과 질문을 자신에게 던졌을 것이다. 이게 바로 책을 읽는 이유다. 핸드폰을 보거나 동영상 강의를 보면서는 절대 할 수 없는 일이다.

책을 읽는 이유는 생각하기 위해서다. 생각은 왜 하는가? 발전하기 위해서다. 책을 읽으면 왜 생각을 하게 되는가? 책이 당신에게 질문을 던지기 때문이다. 자신에게 던지는 좋은 질문 한 개가 인생을 바꾼다. 순식간이다. 그 질문을 찾기 위해 책을 읽는다.

내 인생을 바꾼 질문은 이거다. "명환아, 끌려다니지 않고 살려면 어떻게 해야 될까?" 이 질문을 던지자마자 책이 저절로 읽어졌다. 졸리지도 않고 힘들지도 않았다.

책이 던지는 질문을 붙잡고 생각을 하자. 그러다 보면 스스로 질문을 만들게 된다. 자신에게 질문을 계속 던져놓아라. 우리 뇌는 질문을 받으면 언젠가는 답을 찾는다. 난 최근에 "300억 매출! 이런 목표 말고 100원, 10원에 집중할 수 있는 게 뭐가 있을까?"라는 질문을 던져놓고 3일 후에 잡채를 해 먹다가 답을 찾았다. 메밀국수보다 원가가 90퍼센트 저렴한 '잡채'를 발견한 것이다.

50년간 우리 집 찬장 속에 있었던 당면이라는 보물을 비로소 발견한 것이다. 그동안은 잡채도 '면'인데, 면 요리라 생각하지 못했다. 잡채는 그저 잡채였을 뿐이다. 그런데 질문을 던지니 답이 보였다. 진리는 가까이에 있지만 질문을 던지지 않으니 찾을 수 없었던 것이다.

난 요즘 잡채를 만들어서 사람들에게 먹여보는 하루하루가 너무 설렌다. 그리고 내 잡채가 세계로 뻗어나가는 상상을 하면서 더 설렌다. 이렇게 즐겁게 하루하루를 보내다 보면 통장에 돈은 알아서 들어올 것이다. 모든 것이 질문 한 개의 결과다.

책을 읽고, 책 속에서 질문을 찾아야 한다. 그 훈련이 끝나면 스스로 질문을 만들 수 있다. 그 질문으로 나는 어디까지 발전할지 모른다.

나아가 당신이 아끼는 사람에게 질문을 던져주라. 그 사람의 인생을 변화시킬 수 있는 질문을 던져주라. 그 순간 당신은 소크라테스가 된다. 위대한 철학자라 불리는 소크라테스가 한 것은 사람들에게 질문을 던진 것밖에 없다. 질문을 던지는 행위는 그만큼이나 위대한 것이다.

7조 원 부자가
죽기 전에 후회한 것

1997년 한룽漢龍그룹을 설립해 2012년 〈포브스〉지가 발표한 중국 부자에 7조 원의 재산으로 이름을 올린 류한劉漢 회장. 그는 여러 범죄에 연루되며 사형선고를 받았는데 사형 집행 전에 이런 말을 남겼다.

"다시 인생을 산다면 작은 가게를 차리고 가족을 돌보며 살고 싶다. 내 야망이 너무 컸다. 인생은 모든 게 잠깐인 것을, 그렇게 모질게 살지 않아도 될 것을, 바람에 귀를 기울이고 물처럼 흐르며 살아도 될 것을, 말 한마디 참고 물 한 모금 건네며

잘난 것만 재지 말고 못난 것도 쓰다듬으며 거울 속의 자신을 바라보듯 서로 불쌍히 여기며 원망 말고 미워하지 말고 용서하며 살 걸 그랬다."

류한 회장은 죽기 전에야 비로소 깨달았다. 자기가 얼마짜리 사람인지. 자신이 작은 가게를 차리고 가족을 돌보며 살기 위해 태어났다는 것을 죽기 전에야 알았다. 작은 가게를 가져야 할 사람이 7조를 가졌더니 독이 되어 사형이라는 형벌을 가져왔다.

우리는 돈이 독이 되는 줄도 모르고 인생을 바쳐 돈을 번다. 독을 번다. 이 얼마나 슬픈 일인가! 그래서 나는 누구인가, 나는 얼마짜리인가를 알아야 한다. 딱 필요한 만큼만 벌면 된다. 그리고 딱 필요한 만큼을 알기 위해 책을 읽어야 한다. 책을 읽고 자본주의를 이해하고 내게 필요한 돈만 벌면서 나머지 시간은 내가 태어난 이유, 즉 가치 있는 삶을 사는 데 집중해야 한다.

사람은 저마다 각자의 그릇이 있다. 그릇의 크기로 행복이 결정되는 것이 아니라 내 그릇에 딱 맞는 돈만큼 가질 때 우리는 가장 행복하다. 우리가 책을 읽는 건 바로 내 그릇의 크기를 알기 위해서다. 내 그릇의 크기를 모르고 맹목적으로 돈을 벌다가 류한 회장처럼 죽음 앞에서 후회하면 너무 늦지 않은가.

책을 읽고 사색을 통해 돈을 정복할 수 있다. 심지어 돈을 거절할 수도 있다. 자본주의사회에서 돈을 거절할 때 느끼는 행복은 이루 말할 수 없을 만큼 크다. 몇 년 전 평소 내가 받는 출연료의 세 배를 거절한 적이 있다. 그때의 쾌감이란. 정말 너무 행복했다. 하기 싫은 것을 억지로 하지 않아도 된다는 기쁨, 그리고 그 시간에 내가 좋아하는 것을 할 수 있다는 즐거움. 게다가 내가 거절한 돈보다 더 큰 돈이 저절로 벌리는 신기한 경험까지.

무조건 돈을 우선순위에 두고 아등바등하는 것은 돈에 끌려가는 것이다. 절대 행복할 수 없다. 어느 순간에는 돈을 거절할 수 있는 힘이 있어야 한다. 그때 진짜 세상이 보인다. 내가 태어난 이유를 알게 된다. 나는 누구인가의 답을 알게 된다.

당신은 얼마가 필요한가? 얼마를 벌 생각인가? 돈이 왜 필요한가? 어디에 쓸 것인가? 무조건 많이 벌 생각이었다면 지금 당장 금액을 정하라. 당신이 필요한 돈을 계산해보라. 모르겠다고 포기하지 마라. 지금 계산된 돈이 절대적인 것은 아니다. 살아가면서 계속 바뀐다. 계산해보는 것 자체가 중요한 것이다.

돈 때문에 주눅 들지 마라. 애써 많이 벌려고 하지 마라. 돈보다는 하루하루 설레고 신나게 살아갈 방법을 고민하고 그런 삶을 살아라. 그런 일을 찾아라. 그런 일은 반드시 있다.

놀고 소비하며 즐기는 것은 단편적인 행복이다. 인간은 생산적인 삶을 살 때 행복하다. 특히 자신의 생산 활동으로 타인을 도와줄 수 있을 때 가장 행복하다. 그런 일을 찾아라. 당신이 생산할 수 있는 것 중에 타인을 이롭게 하는 것이 있다. 모르겠다면 책을 읽어라. 책이 찾아줄 것이다. 없다면 만들어줄 것이다. 남을 이롭게 하는 생산을 하면 돈은 저절로 따라온다. 책을 읽어야 하는 이유다.

시간을 지배하는
압축의 힘

보통 강연을 하고 나면 질문을 받는 시간이 있다. 그때 자신의 생각을 제대로 정리하지 못하고 장황하게 질문을 하는 분들이 있다. 그러면 난 이렇게 요청한다.

"딱 한 문장으로 만들어보세요."

접속사 없이 똑 떨어지는 하나의 문장으로 말이다.

질문을 길게 한다는 건 내 생각이 아직 정리되지 않았다는 의미다. 뭐가 중요하고, 뭐가 중요하지 않은지 모르

나는 어떻게 삶의 해답을 찾는가

기 때문에 주절주절 말이 길어지는 것이다. 만약 자신이 파는 상품이나 자신이 하는 일을 한 문장으로 설명할 수 없다면 그건 아직 스스로도 핵심을 모른다는 의미다. 즉 본질을 모르는 것이다.

추상화의 위대함도 사물의 본질에 집중해 단순화한 것에 있다. '차가운 추상'이라 불리는 네덜란드 화가 몬드리안, 액션 페인팅의 선구자 잭슨 폴록, 입체파 화가 피카소는 모두 사물의 본질에 집중한 이들이다. 그들도 처음에는 사물을 있는 그대로 그리다가 차츰 선을 단순화하고 또 단순화해서 본질만 남겼을 것이다. 그렇게 피카소는 사물을 분해한 후 재창조했고, 몬드리안은 단순화하여 수직과 수평의 선만 남겼다. 본질만 남긴 것이다.

딱 한 줄로 만들어야 해결하기도 쉽다. 정확하게 바라볼 수 있기 때문에 해결 방법을 찾기도 쉬운 것이다. 그런 의미에서 시인들 역시 위대하다. 나 같은 사람은 250페이지에 가까운 글을 써야 간신히 하고 싶은 말을 전할 수 있는 반면 시인들은 한 페이지, 한 단락에 하고 싶은 말을 담는다. 그야말로 본질을 보는 사람들이다. 시인들도 단순화했다가 재창조하는 과정을 거치는 것이다.

책을 읽어야 하는 이유는 바로 그 압축의 힘을 훈련하기 위해서다. 많은 책이 비유와 압축으로 쓰였다. 그 이유는 보다 많은 사람이 각자의 고통과 상황에 맞게 스스로 해석하는 힘을 길러주기 위해서다. 이렇게 숨은 의미를 깨닫기 시작하면 독서가 즐거워진다. 즐거움과 더불어 엄청난 능력도 얻게 된다. 바로 시간을 압축하는 법을 알게 된다.

성과 없이 바쁘기만 한 사람이 있다. 하지만 성공한 사람들을 보면 언제 그런 일들을 다 했는지도 모르게 여유롭다. 시간을 압축하고 시간을 만들어 쓰는 능력이 있기 때문이다. 아침 일찍 도서관에 오는 고급 차들의 주인이 그런 사람들이다. 생각해보라. 아침 일찍 도서관에 와서 30분에서 한 시간 정도 독서를 하고 그날의 일을 계획하는 사람과 그냥 하루를 맞이하는 사람의 차이를. 설명 안 해도 알 것이다.

자, 이제 내 문제를 한 문장으로 만들고 계속 쳐다보자. 그러면 고민이 해결된다. 만약 내가 하고 싶은 일을 한 문장으로 말할 수 있다면 그건 백퍼센트 성공한다. 그러니 지금 당장 내가 하고 싶은 일을 한 문장으로 만들어보자.

흐린 눈, 날카로운 눈, 맑은 눈

오프라 윈프리가 아프리카 학생들에게 줄 첫 번째 선물로 선택하면서 화제가 되었던 책이 있다. 바로 《이 진리가 당신에게 닿기를》이다. 이 책의 한 부분을 소개한다. 정확하게 열 번 읽어보기를 바란다.

당신은 지금까지 살면서 타인에게 충분히 좋은 사람이 되고자 노력했지만, 결과적으로는 자기 자신을 버리고 말았다. 당신은 자신의 자유를 희생하여 타인의 시선 속에 머물러왔다. 당신은 아버지와 어머니, 선생님, 사랑하는 사람, 자녀, 종교, 그리고 이 사회를 위해 충분히 좋은 사람이 되고자 노력했다.

세월이 흐른 후 당신은 스스로에게도 좋은 사람이 되고자 노력해보지만, 스스로에게 좋은 사람이 되지 못한다는 사실을 깨달을 뿐이다. 당신 자신을 삶의 우선순위 최상단에 올려놓아 보는 건 어떨까?

아마도 태어나서 처음으로 시도해보는 일일 것이다. 그러기 위해서 스스로를 사랑하는 법을 처음부터 배워야 한다. 조건 없이 자기 자신을 받아들이고 실재하는 당신 자신에게 무조건적인 사랑을 실천해야 한다. 그리고 자신의 진정한 자아를 점점 더 사랑하는 연습을 해야 한다.

《이 진리가 당신에게 닿기를》중에서

이제 한 번 읽었다. 앞으로 아홉 번 더 읽기 바란다. 부탁이다. 읽을 때마다 내가 왜 열 번 읽으라고 했는지 알게 될 것이다.

나이를 먹으면 내 몸의 모든 부분이 쇠락한다. 피부에 주름이 생기고 색깔도 어두워지며, 머리카락도 흰색으로 변한다. 나이를 먹어감에 따라 모든 것이 흐릿해질 때 단 하나 반대로 갈

나는 어떻게 삶의 해답을 찾는가

수 있는 게 있다. 바로 눈빛이다.

나이를 먹었다는 건 수많은 경험을 했다는 뜻이다. 이런 경험은 눈빛에 쌓인다. 그래서 눈빛이 깊어진다. 그렇다고 모든 사람이 그렇게 되는 건 아니다. 책을 읽고, 사색을 한 사람만이 눈빛이 날카로워지고 어린아이처럼 맑아진다. 육신은 늙었지만 정신은 어려진 것이다.

법정 스님의 《맑고 향기롭게》라는 책 제목이 이제 이해가 된다. 흐릿한 눈빛은 죽음을 두려워한다. 그냥 무섭다. 더 이상 생각하기 싫다. 그래서 더 흐릿해진다. 하지만 독서를 통해 눈이 맑아지면 죽음이 두렵지 않다. 얼마든지 받아들일 수 있는 일, 향기로운 일이 된다.

최근에 당신은 당신의 눈빛을 본 적이 있는가? 지금 당장 거울을 보라. 어떤가? 끌려다니며 사는 사람의 눈빛은 흐리다. 생각하지 않는 사람의 눈빛은 생기가 없다. 나이가 들면 그나마 남아 있던 약간의 날카로움마저 사라지고 흐릿한 눈빛을 가지게 된다. 그런 눈빛으로 죽음을 맞이하면 안 된다. 반드시 후회하게 된다.

진짜 죽음 앞에 가면 한순간 눈빛이 빛난다. 깨달음의 순간이다. 이때 '아, 내가 지금까지 잘못 살았구나' 하는 생각이 들면 얼마나 비참한 죽음인가! 그런 죽음을 맞고 싶지 않다면 내 삶을 내가 지배해야 한다.

나 자신의 행복을 최우선에 두고, 나를 사랑하라. 책을 읽고 생각하라.

위대한 생각은 느리지만
확실하게 나타난다

우리는 철학 수입국이자 문화 수입국이다. 우리가 아는 위대한 철학과 사상이 모두 서양으로부터 흘러들어 왔다는 말이다. 그러다 보니 지금까지는 서양의 생각을 뛰어넘지 못하고 모방하는 수준에서 살아왔다. 나쁘다는 것이 아니다. 역사가 그렇게 흘러왔다는 말이다.

하지만 이제 다르다. 서양의 철학이 한계를 드러내면서 철학의 중심이, 생각의 중심이 동양으로 넘어오고 있다.

우리만의 독창적인 작품이라곤 신학神學밖에 없습니다. 지

상의 심금을 울린 모든 종교—즉 모든 씨앗들—는 동양
에서 나왔으며, 나는 이것을 결코 우연이라고 생각하지 않
습니다.

_**《지중해 기행》** 중에서

그리스 문학을 대표하는 작가 니코스 카잔차키스가 1920년
대 이탈리아와 이집트, 예루살렘 등을 여행하며 쓴《지중해 기
행》을 보면 동양의 종교에 대해 굉장히 높게 평가하는 구절이
나온다.

세계 3대 종교가 모두 동양에서 탄생했다. 기독교는
팔레스타인(서아시아), 불교는 인도, 이슬람교는 아라비
아 반도에서 생겨났다. 이처럼 우리 동양인들은 훨씬 크
고 위대한 생각을 할 수 있는 민족이다.

그동안 우리는 우리가 위대한 뇌를 가지고 있다는 것을 잊고
살았다. 교과서로 세뇌당한 뇌를 가지고 자본주의에 끌려다니
며 생각 자체를 하지 않고 살았기 때문이다. 우리는 충분히 큰
생각을 할 수 있는 사람들이다. 그래서 책을 통해 서양의 훌륭
한 철학을 배우고, 생각을 통해 그 철학을 뛰어넘어야 한다. 뛰
어넘는다는 것은 우리만의, 자기만의 확고한 철학을 만든다는

나는 어떻게 삶의 해답을 찾는가

뜻이다.

이어령 교수님은《한국인 이야기: 너 어떻게 살래》에서 이렇게 말씀하셨다.

> 나는 그 옛날 '산업화는 뒤졌지만, 정보화는 앞서가자'고 외쳤다. 그런데 이제는 외칠 필요가 없다. 노래하는 거다. 새로운 4차 산업혁명 시대, 융합의 시대에는 '미닫이'라고 이름 붙일 줄 아는 융합의 한국인이, 로봇과 인공지능이 도저히 따라 할 수 없는 따뜻한 가슴의 인仁을 가진 한국인이, 세계 어느 국민보다 넘치는 창의력을 가진 한국인이 앞서가리라 생각하기 때문이다. (중략)
>
> 두고 보라. 디지털과 아날로그의 대립하는 두 세계를 균형 있게 조화시켜 통합하는 한국인의 디지로그 파워가 미래를 이끌어갈 날이 우리 눈앞으로 다가오게 될 것이다.
>
> _《한국인 이야기: 너 어떻게 살래》 중에서_

우리 모두가 책을 열심히 읽는다면 어느 날 저절로 선진국에 진입한 대한민국을 만날 것이다. 이건 당연한 일이다. 생각의 크기가 이미 선진국을 넘어섰기 때문이다. 이렇게 되면 경제 역시 저절로 발전한다. 웹 3.0시대는 상상력의 시대다. 글로 말을 이겨 나를 세뇌시켰던 철학을 벗어던지고 생각에 날개를 달아 누구도 따라올 수 없는 위대한 상상력을 만들자. 자부심을 가져야 한다. 쪼그라든 가슴을 펴라. 우리는 생각이 큰 민족이다.

10분마다 주식 시세를 찾아보는 핸드폰 따위는 던져버리고 내 안에 잠들어 있는 큰 생각을 깨우자. 언제까지 핸드폰만 한 작은 공간에 얽매여 살 것인가. 당신은 할 수 있다. 우리 안에 이미 검증된 큰 생각의 씨앗이 심겨져 있다. 마중물을 주지 않아 싹을 틔우지 못했을 뿐이다.

지금이 기회다. 생각으로 과학 위에 군림할 수 있다. AI는 서양이 만들었지만 그것을 지배하는 정신은 동양에서 만들 수 있다. 당신이 해야 한다. 나 하나만을 위한 작은 생각에서 벗어나라. 남을 위한, 더 나아가 인류를 위한 위대한 생각을 하게 해달라고 책에게 부탁하며, 읽고 생각하라. 서양에서 동양으로 기회가 넘어오고 있다.

믿고 읽어라. 그리고 서두르지 마라. 위대한 생각은 책 몇 권 읽는다고 후다닥 나타나는 게 아니다. 위대한 생각은 느리지만 크고 확실하게 나타난다. 한 번 발현되면

나는 어떻게 삶의 해답을 찾는가

(발현'하는 게' 아니라 저절로 발현'되는 것'이다) 절대 무너지지 않는다.

유럽이 동양을 이길 수 있었던 유일한 이유는 책 읽는 사람이 동양보다 훨씬 많았기 때문이다. 하지만 이제 유럽도 책을 읽지 않는다. 그래서 기회다. 생각해보라. 책이 아니면 우리가 무엇으로 서양을 이기겠는가? 아무것도 없다. 아무것도.

내가 살아 있는 동안 이런 기회가 와서 얼마나 기쁜지 모른다. 내가 도서관을 짓고 싶은 이유도 선진국으로 가기 위함이다. 그냥 짓겠다고 한 게 아니다. 우리가 책을 열심히 읽어 후대에 올 우리 아이들이 겪지 않아도 되는 고통을 덜어주자. 큰 생각을 위해 겪어야 할 고통만 겪도록 안내해주자. 서양을 이겨서 세계 1위의 강대국이 되겠다는 작은 생각이 아니다. 이 지구는 동양이 머리가 되고 서양이 손발이 될 때 가장 이상적으로 자라날 수 있기 때문이다. 세상은 당신의 머리를 원한다.

겪지 않아도 될 고통에서 벗어나려면

인생은 고통이라고들 한다. 맞다. 우린 수많은 고통 속에서 살고 있다. 그런데 문제는 우리가 겪지 않아도 되는 고통들을 너무 많이 겪고 있다는 것이다. 이런 불필요한 고통에서만 해방되어도 우리 삶은 훨씬 나아질 수 있다.

불필요한 고통이란 예를 들면 이런 거다. 일어나지도 않은 일들을 상상하며 미래에 대해 불안해하는 것, 남들과 비교하여 자기 스스로를 비하하고 괴로워하는 것, 지금 내가 올바른 방향으로 가고 있는지 혼란스러워하는 것 등이다. 이런 고통들은 책을 읽으면 절대 겪지 않아도 되는 것들이다.

아직 일어나지도 않은 미래 때문에 불안하다면 방법은 간단하다. 일주일에 세 번만 도서관에 가서 30분씩만 앉아 있으면 된다. 그리고 내가 올리는 영상을 보고 5분만 시간을 내서 긍정 확언을 따라 외쳐라. 이렇게만 해도 미래에 대한 불안감은 싹 사라진다.

남들과 비교하여 자신을 비하하는 고통 역시 독서로 치유된다. 19세기 영국의 사상가 존 러스킨John Ruskin은 《나중에 온 이 사람에게도》에서 "진정한 부는 역량 있는 사람의 손에 들려진 가치"라고 했다. 책을 읽으면 진정한 부가 내 속에 쌓이니 남과 비교할 이유가 없어진다. 내 안에 진짜 부가 쌓여 있는 사람은 명품으로 치장하지 않아도 주눅 들지 않는다. 늘 자신감이 충만하다. 자신을 어디에 데려다 놔도 맨손으로 부를 일으킬 수 있다는 자신감이 있다. 이런 사람은 절대 남과 비교해서 자신을 비하하지 않는다. 오히려 자랑스러워한다. 고개를 떨구지 않는다. 항상 정면을 보고 당당하게 걷는다.

마지막으로, 지금 내가 올바른 방향으로 가고 있는지 혼란스럽다면 계속 책을 읽으면 된다. 읽다 보면 어쩔 수 없이 자신에게 계속 질문을 던지게 된다. 나는 누구인가? 왜 태어났는가? 난 무엇을 할 수 있는가? 언제 가장 행복한가? 내가 할 수 있는 일은 뭐가 있는가? 이런 질문이 머릿속에 있기 때문에 책을 읽다 보면 뇌가 그 답을 찾기 위해 저절로 움직이게 된다. 물론 이런 질문의 답이 쉽게 찾아지지는 않는다. 몇 년, 몇십 년이 걸릴 수도 있다. 하지만 그 과정은 전혀 고통스럽지 않다. 왜냐하면 그 과정 속에서 나는 계속 성장하기 때문이다.

인간은 성장하는 동안에는 행복하다. 성장이 멈추는 순간 걱정이 시작된다. 매일 성장하는 사람은 결과가 당연히 좋을 거라고 믿기 때문에 고통이 없다. 지금 가고 있는 방향이 맞는지 아닌지 모르겠지만, 매일 성장하는 자신을 느끼기 때문에 언젠가 내 삶이 정확한 나만의 궤도에 오를 거라는 것을 안다.

우린 쓸데없는 걱정과 고통을 너무 많이 겪는다. 책을 읽음으로써 이 모든 걸 몰아내자. 원리는 간단하다. 독서를 통해 걱정과 고통을 없애면 그 자리에 그만큼의 열정이 생긴다. 이것이 성장의 선순환이다.

성공하는 사람들은 모두 이 선순환 속에서 살고 있다. 걱정과 불안의 고통은 없다. 오직 성공을 위한 고민만 있을 뿐이다. 고민은 사색이다. 내 삶을 앞으로 나아가게 하는 힘이다. 걱정과 불안은 잡념이다. 내 삶을 앞으로 나아가지 못하게 붙잡는다. 독서를 통해 걱정하지 말고 사색하라. 지금 당장 해보라. 고통을 몰아내고 그 자리에 열정을 심어라. 열정이 성장하면 창의가 되고 창의가 발휘되면 세상을 변화시킬 아이디어가 탄생한다. 이 선순환을 가능하게 해주는 것이 독서다.

그동안 겪지 않아도 되는 고통 속에서 고생 많이 했다. 이제 괜찮다. 당신은 이렇게 책을 손에 들고 있지 않은가! 이대로 계속 읽고 생각하고 성장하라. 이제 당신의 인생에 걱정은 없다. 책을 그 손에서 놓지만 않으면 된다.

2

어떻게
질문해야
하는가

러너스 하이
경험하기

우리가 어떤 일이나 목표 달성에 실패하는 첫 번째 원인은 바로 조급함이다. 유튜브를 보면 모두가 금방 몇십억, 몇백억을 벌어 경제적 자유를 이뤘다고 하고 1년 안에, 한 달 안에 큰돈을 버는 법을 알려준다는 강연이 우후죽순 열리고 있다. 나를 제외한 모든 사람이 빨리 성공하는 것 같다.

자극을 받으니 나도 열심히 한다. 엄청 열심히 한다. 그렇게 일주일을 하고 결과를 바란다. 왜 내 생활에 변화가 일어나지 않지? 그리고 며칠 더 해본다. 또 생각한다. 역시 난 안 되나 봐. 그렇게 포기한다.

대한민국 전체가 조급증에 빠져 있다. 기다리지 못한다. 과정을 무시하고 결과만 바라본다. 그런 사람들에게 들려주고 싶은 이야기가 있다. 바로 달리기를 하는 사람들이 느끼는 '러너스 하이runner's high'다.

러너스 하이는 30분 이상 달리기를 했을 때 느낄 수 있는 쾌감이다. 보통 심박수가 1분에 120회 이상은 되어야 한다고 하니 30분은 뛰어야 러너스 하이를 경험할 수 있다. 이 쾌감을 경험하면 피로가 사라지면서 새로운 힘이 생긴다. 러너스 하이가 오는 이유는 힘들게 달려온 과정이 있기 때문이다. 죽을 만큼 고통스러운 과정을 참고 달린 결과 러너스 하이에 도달하는 것이다.

조급한 우리는 힘든 과정은 생략하고 러너스 하이만 원한다. 힘든 과정을 거치려 하지 않는다. 이건 절대 있을 수 없는 일이다. 물건은 아래로 떨어지고, 해는 매일 뜨고 진다는 절대 불변의 법칙보다 더 정확한 것이다. 과정 없이는 절대 결과를 얻을 수 없다.

문제는 책을 읽을 때도 이런 조급함이 생긴다는 것이다. 어느 날 어떤 이유로 독서를 하고 싶은 열정이 생긴다. 세상에 유명한 책은 모두 읽고 싶어진다. 지금 읽고 있는 이 책을 빨리 읽

나는 어떻게 삶의 해답을 찾는가

고 저기 있는 유명한 책을 또 읽고 싶다. 하지만 서두른다고 책이 빨리 읽어지지는 않는다.

나 역시 한때 조급한 마음이 최고조에 달했던 때가 있다(뒤에서 말하겠지만 이때가 사자 단계였다). 조금만 더 읽으면 3000권을 돌파할 수 있다는 욕심에 모든 책을 후루룩 읽고자 했다. 책 내용을 이해하고 내 것으로 만들고 내 삶에 적용하는 이런 건 생각도 하지 않았다. 무조건 권수만 채우는 독서를 했다. 독서법 학원도 다녀보고 별별 훈련을 다 해봤다. 그러나 결국 빨리 읽을 수도 없고, 빨리 읽어봐야 의미가 없다는 걸 깨닫게 되었다.

독서는 결국 '생각을 하기 위한 것'이다. 그냥 눈만 열심히 움직여서 책 한 권을 다 읽어도 생각하지 않는다면 남는 게 없다. 천천히 음미하며 읽어야 한다. 러너스 하이에 도달하기까지 그 과정을, 그 속도를 받아들여야 한다. 글쓰기도 마찬가지다. 억지로 분량을 채운다고 글이 아니다. 그런 글은 독자에게 감동을 줄 수 없다. 책을 읽고 생각하며 글이 만들어지기를 기다려야 한다. 오늘은 딱 한 줄만 쓰겠다는 마음으로 느긋하게 쓰다 보면 어느새 여러 페이지를 쓰고 있는 나를 발견하게 된다.

서두르지 않아야 빨리 이룬다. 식당에 손님이 오지 않는다고 극약 처방 식의 마케팅을 하면 안 된다. 그 마케팅을 하는 동안은 손님들이 북적거리겠지만 이벤트가 끝나고 나면 그전보다 손님이 줄어드는 경우가 허다하다. 홍보 마케팅도 내 식당이 가진 속도에 맞게 해야 한다. 돈도 마찬가지다. 돈을 좇지 말라는 말이 바로 서두르지 말라는 말이다. 서둘러 돈을 벌려고 하니까 무리한 방법을 쓰게 되고 불법적인 행위에 눈이 가는 것이다.

사람마다 때가 다르다. 남과 비교하지 마라. 남들도 당신을 신경 쓰지 않는다. 자유롭게 당신의 속도대로 살아라. 그래야 지치지 않는다. 그래야 하루하루가 행복하다. 서두르기 때문에 지금 이 순간이 지옥인 것이다.

아예 작정하고 책을 천천히 읽어보라. 하루에 한 권씩 읽는다는 친구는 어느 순간 지쳐서 책과 멀어져 있을 것이다. 당신은 천천히 읽어라. 포기하지 말고 지치지 말고 꾸준히 읽어라. 천천히 생각하며 읽을 때 진정한 내공이 쌓인다. 내공이 쌓이면 점점 더 빨라진다. 걱정 마라. 서두르지 않으면 더 빨리 이룬다.

때로는 역진이 답이다

최진석 교수님의 《노자와 장자에 기대어》를 읽었다.

대가리를 처박도록 정해진 방향을 향해 앞으로만 달리던 타조가 갑자기 방향을 틀어 뒤로 돌았다. 전진前進하다 역진逆進하는 타조는 두 방향을 다 경험하지만, 이 경험의 여정에는 전진과 역진이 교차하는 신비한 지점이 탄생할 수밖에 없다. 여기가 바로 문화적이고 창의적인 활동의 자궁이다.

_《노자와 장자에 기대어》 중에서

난 이 부분을 읽고 문장을 만들어본다.

"전진의 반대말은 후퇴가 아니고 역진이다."

내가 처음 돈을 거절했을 때 이렇게 하면 오히려 돈이 더 잘 벌어질 거라는 신비한 힘을 느꼈다.

우리는 꽃밭을 만들 때 이미 만들어진 꽃밭을 상상한 후 꽃을 심어나간다. 100억 건물주, 500억 매출, 1조 기업이라는 꽃밭을 계획해놓고 앞으로 전진하며 꽃을 하나씩 심어나간다. 그런데 전진하며 꽃을 심다 보면 늘 아직 아무것도 심지 않은 황무지가 보인다. 그 황무지는 너무 넓고 까마득하다. '이 넓은 곳을 언제 다 채우지?'라는 생각에 쉽게 지친다.

하지만 역진하며 꽃을 심어보자. 역진한다는 말은 황무지를 등지고 뒤로 걸어가며 심는 것이다. 내 눈에는 오직 지금까지 심어온 꽃만 보인다. 뒤돌아보지 않는 한 황무지는 보이지 않는다. 지치지 않는다.

내가 음식점에서 장사를 할 때도 똑같이 적용할 수 있다. '오늘은 500만 원 매출을 올려야지'라는 마음으로 장사를 하면 전진이다. 전진의 마음가짐일 때는 장사 중간에 포스를 자주 눌

나는 어떻게 삶의 해답을 찾는가

러보며 '아직도 100만 원을 못 넘었네. 언제 500만 원 넘기지?'
하는 생각에 쉽게 지친다. 반면 역진은 '오늘은 한 테이블 한
테이블에 집중해야지'라는 마음가짐이다. 황무지를 등진 채 장
미를 심고, 백합을 심고, 국화를 심듯이 한 테이블 한 테이블에
집중해서 장사를 하다 보면 어느새 매출이 300만 원이 넘어가
고 500만 원이 넘어간다. 이게 바로 역진의 마음가짐이 갖는
힘이다.

역진은 고개를 들지 않는다. 바라볼 황무지가 없기 때문이
다. 오로지 한 송이를 심는 데만 집중할 수 있다. 하늘(목표, 100억
건물주, 1조 기업)은 가끔 쳐다보는 것이다. 예전에 유행하던 개그
가 있다.

"높이 나는 새가 멀리 본다. 아니 낮게 나는 새가 자세히 본
다."

역진은 낮게 나는 새다. 이상을 보지 말고 현실을 보라.
꽃밭은 이상이다. 현실은 장미 한 송이, 백합 한 송이, 국
화 한 송이를 심는 것이다. 아래로 시선을 돌려 현실을 보
라. 100억 매출은 이상이다. 지금 당장은 100원, 1000원

을 버는 데 집중하라. 진리는 항상 낮은 곳에 있다.

진리를 가르쳐달라는 제자의 말에 "그릇이나 씻어라"라고 대답한 조주선사의 말처럼 해답은 낮은 세상에 있다. 진리, 성공, 기회는 위쪽 세상이다. 내가 맘대로 할 수 있는 세상이 아니다. 하지만 아래쪽 세상은 다르다. 내가 마음만 먹으면 할 수 있다. 태양을 잡을 순 없지만 흙은 움켜쥘 수 있다. 낮은 곳에 집중하라. 흙을 파고 꽃을 한 송이씩 심다 보면 태양은 늘 찾아온다. 진리, 성공, 기회는 이렇게 찾아오는 것이다.

소크라테스 질문법의 묘미

소크라테스를 모르는 사람은 없을 것이다. 그가 위대한 철학자라는 것도 모두가 알고 있을 것이다. 그런데 소크라테스의 책을 읽다 보면 좀 이상하게 느껴진다. 그는 가르침을 주지 않는다. 계속 질문을 던질 뿐이다.

소크라테스와 관련된 책들은 모두 후대에 제자들이 쓴 것이다. 소크라테스는 만나는 사람에게 모두 질문을 던져 당황하게 만들었다. 예를 들면 이렇다.

소크라테스: 당신은 당신 아내에게 어떤 남편이 되고 싶

소?

남자: 당연히 좋은 남편이오.

소크라테스: 좋은 남편은 어떤 남편이오?

남자: 좋은 남편은 당연히 아내를 사랑해주고 보살펴주고 돈도 많이 벌어다 주는 사람이오.

소크라테스: 나도 당신 아내를 사랑하고 보살펴주고 돈도 많이 벌어다 줄 수 있소. 그렇다면 나도 당신 아내에게 좋은 남편이겠네요?

남자: 뭐라고? 이 늙은이가 미쳤나!

'좋은 남편은 무엇인가요'라는 질문에 소크라테스는 답을 주는 대신 질문을 던진다. 그리고 그 질문에 대답하던 남자는 결국 소크라테스에게 욕을 하고 떠나가지만 도중에 계속 생각을 했을 것이다. 좋은 남편이란 어떤 사람인가. 사랑해주고, 돈을 많이 벌어다 주는 건 다른 사람도 할 수 있는 건데. 그리고 깨달았을 것이다. 자신만이 아내에게 좋은 남편이 되어주는 법을.

소크라테스는 이런 식으로 사람들을 성장시켰다. 황당한 질문을 받은 사람들은 그를 가리켜 괴팍한 늙은이라고 욕했지만 그의 질문법은 굉장히 훌륭한 것이었다. 소크라테스는 상대에

나는 어떻게 삶의 해답을 찾는가

게 어떤 질문을 던지면 그 사람이 생각을 통해 스스로 답을 찾아낼 수 있으리라는 것을 알고 있었다.

소크라테스는 평생 질문만 했다. 책도 쓰지 않았다. "악법도 법이다"라고 말하며 스스로 죽음의 길을 택했다. 이런 자신의 죽음을 통해 후대 인류에게 영원한 질문을 던져주었다.

좋은 질문 하나가 사람을 크게 변화시킬 수 있다. 소크라테스는 최대한 많은 사람들을 변화시키고 싶어 했다. 그래서 한 사람이라도 더 만나 질문을 던지는 삶을 살았다. 그런데 마침내 큰 기회가 왔다. 인류에게 위대한 질문을 던질 수 있는 기회가. 바로 자신의 목숨을 담보로 인류에게 위대한 질문을 던질 수 있는 기회.

이미 오래 사는 것보다 의미 있게 사는 것이 중요함을 깨우친 소크라테스는 기꺼이 독배를 들었고 인류는 2500년 가까이 "너 자신을 알라", "떠날 때가 되었으니, 이제 각자의 길을 가자. 나는 죽기 위해, 당신들은 살기 위해. 어느 편이 더 좋은지는 오직 신만이 알 뿐이다", "가장 적은 것으로도 만족하는 사람이 가장 부유한 사람이다" 등과 같이 소크라테스가 남긴 질문들을 스스로에게 던지며 발전해왔다.

지금 당신이 처한 상황은 '사실'이다. 사실은 변하지

않는다. 그 사실을 어떻게 받아들이느냐에 따라 당신의 상황은 천국이 될 수도 지옥이 될 수도 있다. 소크라테스는 죽음마저 공포나 지옥으로 받아들이지 않았다. 당신은 어떻게 받아들일 것인가. 받아들인다는 것은 뼛속 깊이 이해하는 것이다.

질문을 던져야 한다. 자신에게 던지는 좋은 질문 하나로 인생이 바뀐다. 책도 질문이 있어야 답을 알려준다. 지금 고민이 있다면 그걸 머릿속에 넣어둔 채 책을 읽어라. 뇌는 질문을 던지면 반드시 답을 찾으려 한다. 때문에 질문을 가슴에 품고 꾸준히 책을 읽다 보면 어느 순간 나의 질문과 연결되는 답을 찾아낸다. 우리 모두 소크라테스처럼 스스로에게 질문을 던지자.

인생 책은 없다

강의를 다니다 보면 가장 많이 듣는 질문이 있다.

"인생 책 한 권 추천해주세요."

그럴 때마다 난 대답한다.

"인생 책은 없습니다. 지금 읽고 있는 책이 인생 책입니다.
왜냐면 사람은 계속 변하기 때문입니다."

정말 그렇다. 나의 인생 책은 계속 변해왔다. 20대에는 이시형 박사님의 《배짱으로 삽시다》가 내 인생 책이었고, 30대에는 니코스 카잔차키스의 《그리스인 조르바》, 40대에는 최진석 교수님의 《인간이 그리는 무늬》가 내 인생 책이었다. 지금은 현재 손에 들고 있는 도스토옙스키의 《까라마조프 씨네 형제들》이 내 인생 책이다. 한 권씩 예로 들었지만 사실 내가 읽은 모든 책이 인생 책이다.

만약 내가 다른 책에 대한 독서 경험 없이 《까라마조프 씨네 형제들》을 읽었다면 지금 느끼는 이 쾌감, 이 깨달음을 절대 얻지 못했을 것이다. 모든 책은 서로를 돕기 위해 존재한다. 마치 모든 생명체가 서로를 돕기 위해 존재하듯이 말이다.

세상의 모든 지혜를 알려주는 단 한 권의 인생 책은 없다. 세상은 계속 변하고 나도 변한다. 예전에 인생 책처럼 느껴졌던 책들이 시시해질 수도 있고 전혀 감동이 없었던 책이 몸에 사무치는 전율을 선사하기도 한다.

그러니 제발 인생 책을 알려달라고 하지 마라. 인생 책을 원한다면 본인이 직접 찾아라. 남들에게 인생 책을 묻는다는 것은 좀더 쉽게, 좀더 빨리 깨달음을 얻겠다는 마음인 것이다. 그렇게 서둘러서는 아무리 좋은 책을 만나도 절대 인생 책이 될 수 없다. 스스로 찾아야 한다. 아니 찾으려고도 하지 말고 묵묵히 읽으며 기다려야 한다. 책과 당신의 삶이 조화를 이루는 그때 인생 책이 되는 것이다. 그렇게 한 단계 발전하고 또 읽어나가다 더 좋은 책을 만나는 것이다.

우리는 현재를 살아간다. 그러므로 지금 읽고 있는 책이 인생 책이다. 2022년 가을부터 조던 B. 피터슨의 《질서 너머》를 인생 책으로 강의했다. 2023년으로 넘어오면서는 반칠환 시인의 《웃음의 힘》과 레이 달리오의 《원칙》을 인생 책으로 강의했다. 지금은 당연히 《카라마조프 씨네 형제들》을 인생 책으로 소개하고 있다.

책 한 권이 모든 인생의 답을 말해주는 것이 아님을 명심하라. 내가 읽은 책 한 권 한 권이 내 몸의 세포가 되어 하나씩 추가되는 것이다. 이 책 세포가 추가될 때마다 나는 자라나는 것이다. 당신의 서재에 책이 쌓이고 당신의 몸속에 책 세포가 쌓이고 쌓여서 당신은 결국 거인이 되는 것이다.

"내 안에 잠든 거인을 깨워라"라는 말은 "내 안에 잠든 책 세포를 깨워라"라는 말과 같다. 거인은 세상을 높은 곳에서 내려다본다. 그 아래에 당신이 원하는 모든 것이 있다. 어디로 가야 한지 길도 훤히 보인다. 지금 당신이 읽고 있는 책이 당신을 거인으로 만들어준다. 모든 책을 인생 책이라 생각하고 읽어라. 내 인생 책이 당신의 인생 책이 된다는 보장이 없다. 당신과 내가 다르기 때문이다. 물론 열정을 불러일으키는 데 도움은 줄수 있다. 하지만 내 인생 책이 바로 당신의 인생 책이 될 수는 없다.

다시 한번 강조하지만 독서에서 가장 중요한 것은 조급함을 버리는 것이다. 걱정하지 마라. 책을 읽으면 저절로 조급함이 사라진다. 그리고 인생 책을 어떻게 찾는 것인지도 저절로 알게 된다. 그러니 믿어라. 책의 힘을 믿고 꾸준히 읽기만 하면 된다.

사람마다 지금 현재 가지고 있는 우주의 크기가 있다. 그리고 그 크기에 맞는 책이 있다. 책을 읽을수록 우주는 커진다. 커진 만큼 큰 책을 읽을 수 있는 것이다. 작은 우주로 큰 우주를 담을 수 없다. 모두가 위대하다고 하는 책이 지금 재미없는 이유다. 그렇다고 포기하지 말고 서재에 꽂아두라. 독서를 통해 당신의 우주가 커지면 서재에 꽂힌 큰 우주의 책이 눈에 들어올 것이다. 그때 그 책을 당신의 우주에 담으면 된다.

나는 어떻게 삶의 해답을 찾는가

당신이 손에 쥐는 모든 책이 인생 책이다. 책은 홀로 있지 않는다. 상호 보완적이다. 이 우주처럼! 책은 우주고 그 책을 손에 쥔 당신은 지금 이 순간 신神이다.

'아는 얘기'의 함정

지금부터 내가 SNS에서 읽은 늑대 이야기를 한번 해보려 한다.

어느 지혜로운 할아버지가 손자에게 옛날이야기를 들려주겠다며 이야기를 시작했다.

"애야, 사람 안에는 항상 두 마리의 늑대가 살고 있단다. 그 두 마리의 늑대가 늘 서로 우위를 차지하기 위해 싸우고 있지."

보통 여기까지 이야기하고 나면 사람들은 "아, 그거 내가 아는 얘기야"라고 말하며 뒷이야기를 잘 듣지 않는다. 그런데 정

나는 어떻게 삶의 해답을 찾는가

말 이게 아는 이야기일까?

우선 정확하게 말하면 이건 아는 이야기가 아니다. 들은 적이 있는, 혹은 읽은 적이 있는 이야기다. 그리고 같은 이야기라도 우리가 처한 상황, 하고 있는 고민은 시시각각 변하기 때문에 그 이야기가 결코 같은 이야기로 다가올 수는 없다.

사실 인생의 진리는 매우 단순하다. 심지어 우리는 이미 다 알고 있다. 어떻게 해야 다이어트를 할 수 있는지, 어떻게 해야 식당이 잘되는지, 어떻게 해야 돈을 벌 수 있는지. 문제는 그 단순한 진리가 너무 단순해서 매번 까먹거나 무시하게 된다는 것이다.

안다고 생각하는 거기에 바로 진리가 있다. 무언가를 듣거나 접할 때 "아, 그거 아는 얘기야" 하고 넘어가지 말기 바란다. 한 번 더 그 얘기를 붙잡고 생각해보다 보면 그 안에서 반드시 진리를 찾을 수 있다. 소크라테스가 그랬다.

"내가 유일하게 아는 건 내가 모른다는 것이다."

이런 자세로 삶을 살아가야 진리를 계속 발견할 수 있다.

우리는 늘 모른다는 전제 속에서 살아가야 한다. '아는 얘기야'라고 흘려버리면 아무것도 아닌 게 된다. 왜 석학들이 똑같은 책을 반복해서 읽겠는가. 지금 내가 처한 상황이 바뀌었고, 고민하고 있는 질문이 바뀌었기 때문이다. 그때 그 책을 읽고 그때 그 말을 듣고, 깨닫지 못했던 것을 지금은 알아챌 수 있다. 그러니 제발 들었던 이야기이지만 듣길 바란다.

책을 어느 정도 읽다 보면 자만의 시기가 온다. 나도 한창 책 좀 읽었다고 자만하던 시기가 있었다. 그래서 책을 읽다가 '이거 그 이야기네' 하며 넘겨버렸다. 그런데 지금은 아니다. 특히 아는 얘기가 나왔을 때 더 붙잡고 더 생각한다.

자, 다시 할아버지 이야기로 돌아가 보자. 할아버지는 두 마리의 늑대를 설명했다.

"한 마리는 분노, 질투, 탐욕, 두려움, 거짓말, 불안, 자존심을 담당하고 있어. 그리고 또 다른 한 마리는 평화, 사랑, 연민, 친절, 겸손, 긍정적인 생각을 담당하고 있지."

그러자 손자가 물었다.

"그럼 누가 이겨요?"

나는 어떻게 삶의 해답을 찾는가

할아버지가 대답했다.

"네가 먹이를 주는 늑대가 이긴단다."

처음 이 이야기를 들었을 땐 그런 생각을 했다. 그래, 내 안에서 긍정적인 생각을 하는 늑대에게 먹이를 줘야겠구나. 그래서 부정적인 늑대를 죽여야겠구나.

그런데 이번에 이 이야기를 들었을 땐 다른 생각이 들었다. 두 마리의 늑대는 늘 내 안에 있는 것이고, 둘 다 죽일 수는 없다. 불안, 분노, 탐욕, 고통이 없는 삶이란 불가능하기 때문이다. 그러니 내가 할 수 있는 건 그 두 마리의 늑대에게 책이라는 먹이를 던져주는 것이다. 그러면 두 마리의 늑대가 모두 책을 먹을 것이다. 그리고 부정적인 감정의 늑대는 고통을 진취적인 고통으로 바꿔낼 것이고, 긍정적인 감정의 늑대는 더더욱 자라날 것이다.

'아는 이야기'가 자꾸 들린다면 흘려보내지 말고, 신호라고 생각하자. 그 아는 이야기를 붙잡아 비틀어보고, 깨물어보고, 뒤집어보자. 진리는 '아는 얘기'에 있다. 다시 한번 아는 얘기를 보고 실행하자.

성공보다 더
중요한 것을 위해서

대부분의 사람들이 자신이 세워놓은 목표를 달성하기 위해 노력한다. 당연하다. 그래야 목표를 달성할 수 있으니 말이다. 그런데 그보다 더 중요한 것이 있다. 그건 바로 목표를 달성한 이후의 삶, 성공한 이후의 일들에 대한 준비다.

가장 쉽게 와 닿을 예가 연예계일 것이다. 연예인들 중에는 어느 날 갑자기 인기를 얻고 주변 사람들에게 "쟤 왜 저렇게 변했어?"라는 말을 듣는 이들이 있다. 몇 달 전만 해도 예의 바르고 건강한 태도를 보이던 이들이 한순간에 거만해져서 주변 사람들이 인상 찌푸릴 일들을 만드는 것이다.

책을 읽어야 하는 이유는 꿈을 달성한 이후에 더 잘 살아가기 위함이다. 인기, 돈, 권력을 가진 이후의 삶. 이걸 독서를 통해 준비해두지 않으면 내가 힘을 가진 이후 내면의 어둠이 모습을 드러낼 가능성이 더 커진다.

조던 B. 피터슨의 책 《12가지 인생의 법칙》에는 이런 이야기가 나온다. 인간이라면 누구나 힘을 원한다는 것이다. 그런 힘이 있다면 욕망을 무제한으로 채울 수 있기 때문이다. 그런데 그것이 마냥 좋지는 않다고 한다. 그가 쓴 문장을 보자.

> 하지만 그것이 마냥 좋지는 않다. 신분이 상승할수록 내면의 어둠이 모습을 드러낼 가능성도 커진다. 피와 약탈, 파괴에 대한 욕망은 권력욕에서 큰 몫을 차지한다. (중략) 권력은 복수를 가능케 하고, 복종을 강요하고, 적을 부숴버릴 수 있는 힘을 뜻한다.
>
> _《12가지 인생의 법칙》 중에서

목표 달성에 굉장한 고통과 인내가 수반되는 것은 당연하다. 그러니 그 과정에서는 물론 인간관계에서도 참고 참고 또 참는다. 그런데 어느 날 내가 성공해 돈이 생기고, 권력이 생겼다고 생각해보자. 그동안 쌓아왔던 긴장이 풀려버린다. 이제는 더 이상 참을 이유가 없는 것이다. 그래서 그 순간 그동안 참아왔던 내 안의 어둠이 나오기 딱 좋다. 마치 기다렸다는 듯이 무시, 경멸, 비난, 분노 등이 폭발하는 것이다. 하지만 그렇게 어둠의 힘이 나왔을 때, 그 삶의 결말이 어떨지 우리는 역시 안다.

목표를 달성하려고만 노력할 것이 아니라 목표를 달성한 이후의 삶을 반드시 준비해야 한다. 인기를 얻은 이후, 돈을 번 이후, 권력을 쌓은 이후를 준비해놓지 않으면 내 속의 어둠이 나를 갉아먹을 것이다.

아직 성공도 못 했는데 그 이후의 삶을 준비해서 무엇 하냐고? 우리는 지금 성공하기 위해 노력하는가, 아니면 실패하기 위해 노력하는가? 성공하기 위해 노력하고 있으니 우리는 무조건 성공할 것이고, 그러니 당연히 성공한 이후의 삶도 지금부터 준비해야 하는 것이다.

나는 어떻게 삶의 해답을 찾는가

엉망진창의 힘

이어령 교수님은 《이어령의 마지막 수업》에서 책 읽는 방법에 대해 이렇게 말씀하셨다.

> 의무감으로 책을 읽지 않았네. 재미없는 데는 뛰어넘고, 눈에 띄고 재미있는 곳만 찾아 읽지. 나비가 꿀을 딸 때처럼.
>
> _《이어령의 마지막 수업》 중에서

너무 아름답지 않은가. 독서법을 나비가 꿀을 따는 모습에 비유하다니.

개그맨들은 한 편의 개그를 무대에 올리기 위해 수십 가지 소재를 서로에게 던진다. 일주일에 한 편을 녹화하려면 적어도 3일은 새벽 3시까지 아이디어 회의를 해야 한다.

처음에는 개그맨들이 내는 아이디어를 나름 화이트보드에 가지런하게 정리하지만 어느 순간부터는 아이디어들이 뒤죽박죽 엉망진창이 된다. 이렇게도 해보고 저렇게도 해보다 보니 정리는 엄두도 낼 수 없는 상황이 되는 것이다.

개그맨들은 워낙 아이디어 회의를 많이 하기 때문에 몸으로 느끼는 감각이 있다. 뭔가 아직 부족하다는 생각이 들면 절대 좋은 아이디어가 나오지 않는다. 그럴 땐 아이디어를 만들기보다 휘발유를 주입하는 느낌으로 수많은 경험과 소재들을 모은다. 각자가 쏟아낸 소재들을 뒤죽박죽 엉망진창으로 만들어놓고 맑아질 때까지 기다린다. 이제 곧 아이디어가 탄생하리라는 것을 몸으로 느낀다. 그렇게 일주일에 한 편씩 아이디어를 뽑아낸다.

성공하려면, 세상을 지배하려면 다양한 분야의 책을 읽어 나를 뒤죽박죽 엉망진창으로 만들어야 한다. 영어학원으로 성공하기 위해 영어 관련 책만 읽으면 충분한 돈밖에 벌지 못한다.

돈도 벌고 본인도 즐겁고 원생들의 실력도 키울 수 있는 위대한 영어학원을 만들려면 소설도 읽고, 자기계발서도 읽고, 때로는 여행책이나 동화책도 읽어야 한다. 책을 읽어 상상력을 키우고 질문을 던져 뇌를 뒤죽박죽 엉망진창으로 만들어야 한다. 이 과정을 계속 반복하면 스스로 알게 된다. 창의력이 발휘되는 시점을!

진정 가치 있는 아이디어는 어느 날 '툭' 하고 튀어나온다. 단, 전제가 있다. 반드시 자신에게 질문을 던져놓아야 한다는 것이다. 《천 원을 경영하라》를 읽었을 때, 나도 박정부 회장님처럼 1000원, 100원에 집중해야겠다고 생각하고 그럴 만한 아이템이 뭐가 있을까라는 질문을 스스로에게 던져놓았다. 그리고 이틀 후 새벽 3시에 고양이 밥을 주기 위해 일어났는데 눈을 뜨는 순간 '오이소' 아이디어가 떠올랐다.

오이소는 5000원짜리 반찬을 판다. 국민 반찬인 콩나물, 시금치, 어묵, 두부, 콩자반, 진미채 등으로 반찬을 만든다. 핵심은 매장의 위치다. 난 다이소 박정부 회장님께 전국 다이소 매장 안에 오이소 반찬을 판매할 수 있는 1평 남짓의 작은 공간을 빌려달라고 제안하겠다. 이미 여러 유튜브 영상에서 강의 중에 오이소 아이디어를 얘기했었다. 이제 곧 다이소로부터 연락이

올 것이다. 결과는 중요하지 않다. 이런 아이디어를 만들어가는 과정이 행복한 것이다. 이런 행복한 과정의 아이디어를 계속 만들다 보면 결국 이뤄진다. 서두르지 않는다. 나의 때에 반드시 이뤄질 거라는 믿음만 있으면 된다.

'오늘 당장 돈을 많이 벌 수 있는 멋진 아이디어를 만들어야지'라고 생각한다고 해서 아이디어가 툭 튀어나오는 게 아니다. 10일을, 한 달을 밤을 새워도 아이디어는 만들어지지 않는다. 창의력은 힘들여 발휘하는 것이 아니라 저절로 발휘되는 것이다. 휘발유 없는 차의 운전대를 밤새 잡고 있어봐야 차가 출발하지는 않는다. 우리 머리에 휘발유를 넣어줘야 한다. 나는 전작에서 "책은 휘발유고 동영상 강의는 엔진오일"이라고 말했다. 책을 읽어 상상력을 키워야 한다.

동영상 강의는 동기부여를 해주는 것이지 상상력을 키워주는 것이 아니다. 동영상 강의는 일방적으로 메시지를 주입해 사람들의 열정을 불러일으킨다. 동영상 강의에서 지식은 얻을 수 있지만 지혜는 본인이 사색을 통해 갈고닦아야 생기는 것이다. 진정 가치 있는 아이디어를 원한다면, 돈이 되는 아이디어를 원한다면 책을 읽어라. 그것도 좀 무리해서 읽어라. 한 분야만, 자신이 좋아하는 분야만 읽지 말고 닥치는 대로 읽어라.

　나 역시 지금 이 글을 쓰기 전에 하루 종일 책을 읽었다. 글이 안 써지는데 억지로 쓸 순 없다. 많은 작가들이 글이 안 써지면 책을 읽는다. 그것도 미친 듯이 읽는다. 난 독서력이 하루 300쪽 정도 된다. 그런데 글을 쓰고 싶으면 하루 600쪽 정도 읽는다. 10시간 이상 앉아서 꼼짝도 하지 않고 책만 읽는다. 그렇게 며칠을 읽으면 뇌가 꽉 찬 느낌이 난다. 뇌 속에서 글이 툭툭 튀어나오려고 준비가 된 게 느껴진다. 마치 팝콘을 튀길 때 기름 온도가 점점 올라가면서 튀겨지기 직전 상태가 되는 것처럼. 그럴 때 노트북을 열고 글을 쓰면 저절로 글이 써진다. 쓰다가 튀어나오는 힘이 약해지면 또 책을 읽으면 된다. 그래서 난 글을 쓸 때 걱정하지 않는다. 책만 읽으면 글은 저절로 써진다는 확신이 있기 때문이다. 아이디어도 마찬가지다. 당신은 아이디어를 어떻게 만들고 있는가? 지금 당장 가만히 앉아서 돈이 되는 아이디어 한 개만 떠올려보라. 쉽지 않을 것이다.

　읽은 내용이 기억나지 않는다고 걱정하지 마라. 모든 내용은 내 잠재의식에 쌓이고 있다. 지난주에 강의를 하는데 20년도 더 전에 읽은 책의 내용과 구절이 툭 튀어나와서 나도 깜짝 놀랐다. 이렇게 우리가 읽은 내용들은 내 안에 모두 차곡차곡 쌓여 있다. 여기에 마중물 역할을 하는 다른 책의 내용이 들어와야 서로 화학작용을 일으켜 밖으로 발산된다. 창의력은 이렇게 발휘되는 것이다. 그리고 믿어라. 내 잠재의식을, 내 안에 잠들어 있는 거인을!

이게 바로 《손자병법》에 나오는 '이겨놓고 싸우는 법'이다. 이제 세상과의 전쟁을 두려워하지 마라. 자동차 연료 게이지가 점점 올라가는 것처럼 당신도 생각의 게이지가 올라가는 게 느껴질 것이다. 더 이상 연료를 주입할 수 없는 꽉 찬 상태가 됐을 때 당신은 뭘 해도 성공할 수 있다.

서두르지 말고 차곡차곡 쌓아가라. 당신의 창의력이 팝콘처럼 튀겨지도록 독서를 통해 생각의 압력을 높여라. 창의력이 발휘되는 단계에 이르면 당신은 돈도 팝콘처럼 수백, 수천 배로 튀길 수 있다. 생각해보라. 얼마나 멋진 일인가!

인생도 독서도 장거리 경주다

독서와 인생은 장거리 경주다. 둘의 결승점은 죽음이다. 우리는 죽을 때까지 책을 읽고 인생을 만들어간다.

문제는 독서가 효율이 나쁘다는 것이다. 엄청난 시간을 들이고 육체적 고통을 감수해야 겨우 한 권의 책을 읽을 수 있다. 그리고 고개를 들면 태산보다 많은 책이 쌓여 있다. 독서는 느리고 고통스럽다. 하지만 무라카미 하루키는 《달리기를 말할 때 내가 하고 싶은 이야기》에서 이렇게 말했다.

진정으로 가치가 있는 것은 때때로 효율이 나쁜 행위를 통해서만이 획득할 수 있는 것이다.

_《달리기를 말할 때 내가 하고 싶은 이야기》중에서

독서는 효율이 나쁘고, 느리고, 고통스럽다. 하지만 이를 감수해야만 우리는 원하는 무언가를 얻을 수 있다. 어려운 길이고, 힘든 길이고, 험난한 길이지만 죽음 앞에 가서 후회하지 않을 가장 쉽고 확실한 길이다.

인생은 불확실하고 정답을 알 수 없지만 그래도 우리는 인생을 살아간다. 마찬가지로 이 책이 내게 도움이 될지, 삶의 해답을 찾아줄지 알 수 없지만 우리는 그저 읽고 또 읽을 뿐이다. 두려움 속에서도 우리는 그렇게 한 걸음 한 걸음 앞으로 나아가야 한다.

무라카미 하루키는 또 이렇게 말했다.

산다는 것의 성질은 성적이나 숫자나 순위라고 하는 고정적인 것에 있는 것이 아니라 행위 그 자체 속에 유동적으로 내포되어 있다.

_《달리기를 말할 때 내가 하고 싶은 이야기》중에서

나는 어떻게 삶의 해답을 찾는가

이 얼마나 명쾌한 말인가. 결과가 중요한 것이 아니다. 중요한 것은 행위 그 자체, 즉 과정에 있다. 그렇다고 매일매일 죽을 힘을 다해 살라는 말이 아니다. 매일 새벽 4시에 일어나 밤 12시까지 일하고 책을 읽으며 치열하게 살라는 게 아니다. 중요한 건 살아가는 과정에서 꺾이지 않는 마음이다.

책을 대충 후루룩 넘기며 눈으로만 읽어도 읽었다고 말할 수 있다. 하지만 본인은 안다. 내가 제대로 읽지 않았다는 것을. 다른 책을 빨리 읽고 싶다는 핑계로 제대로 읽지 않은 책을 팽개쳤을 때 개운하지 않은 그 마음을 용납하면 안 된다. '이건 아니야' 하고 전에 읽던 책을 다시 제대로 읽어주는 마음이 꺾이지 않는 마음이다.

무라카미 하루키가 성적, 숫자, 순위가 중요한 게 아니라고 한 이유는 '인생은 남을 이기는 게 아니라 나를 이기는 것'이기 때문이다. 나를 이기기 위해서는 꺾이지 않는 마음이 필요하다.

인간은 기본적으로 편안하게 있는 걸 좋아하도록 설계됐다. 그래서 자꾸 눕고 싶고 핸드폰이나 보며 가만히 있고 싶다. 그런데 인간이 이성을 가지면서 신에게 도전하는 마음이 생겼다. 신이 부여한 본성대로 편안하게 사는 게 아니라 인간 스스로 기준을 만들어 거기에 맞춰 살려는 의지를 만들었다. 그 결과

눕고 싶지만 눕지 않고 자신을 혹독하게 몰아붙여, 비록 정상에 도달하지 못하더라도 멈추지 않고 한 걸음을 더 떼다가 죽음을 맞이하는 삶, 즉 신에게 도전하는 삶을 사는 인간들이 생겨났다. 당신이 이미 책을 손에 들었다면 더는 편안하게 살 수 없을 것이다. 당신 스스로 고통을 선택했다. 이해한다. 반갑다, 동지여!

마라톤을 하는 사람에게, 높은 산을 오르는 사람에게 왜 뛰느냐고, 왜 오르느냐고 물어도 대답하지 않는다. 대답해줘도 이해하지 못하기 때문이다. 마찬가지로 내게 왜 책을 읽느냐고 물어도 나는 속 시원하게 대답해줄 수 없다. 읽어보지 않은 사람에게 이 고통을 왜 겪고 있는지 아무리 설명해도 이해하지 못하기 때문이다. 그래도 알고 싶다면 그냥 읽어라. 신에게 도전하라.

3

기다리는 동안 무엇을 해야 하는가

셀프 스캔의 힘, 긍정 확언

내가 하루도 빼먹지 않고 하는 일이 있다. 긍정 확언이다.

나는 긍정 확언의 힘을 믿는다. 실제로 전작 《이 책은 돈 버는 법에 관한 이야기》를 집필할 때도 욕지도에서 매일 이렇게 외쳤다.

"2022년에 10억 벌었습니다. 매장으로 2억, 개그맨으로 1억, 책 46만 6667권이 팔렸네요. 감사합니다." (이때는 책 가격이 미정이었다. 그래서 책 가격을 1만 5000원으로 상정하고는 인세만으로 7억을 벌려면 46만 6667권을 팔아야 한다고 단순 계산했다.)

나는 실제로 긍정 확언이 실현되는 것을 경험했기에 그 힘을 말하고 다녔지만, 어떤 사람은 내 말을 믿으려 하지 않았다. 그래서 어떻게 하면 그들에게 보다 논리적이고 객관적으로 설명할 수 있을까를 고민하다가 '스캔'의 힘을 떠올렸다.

긍정 확언의 과정은 이렇다.

1. 긍정 확언을 한 번 할 때마다 나를 스캔하게 된다.
2. 내가 어떤 가치가 있고 어떤 능력이 있는지 체크한다.
3. 내가 외친 목표보다 나 자신이 부족하다는 것을 안다.
4. 부족한 나 자신을 인정한다. 열정이 생긴다. 저절로 노력하게 된다.
5. 결국 확언이 이뤄진다.

긍정 확언을 매일 100번 외칠 때마다 뇌가 자신을 스캔한다. 내가 전작을 쓸 때 긍정 확언을 외친 과정을 설명해보자면 이렇다.

"책 46만 6667권이 팔렸네요"라고 외치면서 나는 자연스럽게 '과연 나 고명환이 그런 능력을 가졌나?'라고 나를 스캔하게 된다(1단계).

나는 어떻게 삶의 해답을 찾는가

그러다 보면 지금 내가 그런 능력을 가졌는가를 체크하게 된다(2단계). 내가 쓴 글을 다시 읽어보고, 베스트셀러 작가들의 책도 보면서 어떤 부분이 필요한가를 고민하는 것이다.

그러다 보면 내 글이 베스트셀러 기준에는 미치지 못한다는 것을 깨닫게 된다(3단계). '이 정도 글로는 감동을 줄 수 없어. 이 정도 글로는 베스트셀러가 될 수 없어. 그러니 책을 더 읽어야겠다.'

그렇게 기준이 엄격해지고 높아지니, 수많은 글을 썼다가 지우게 된다. 책은 저절로 읽어진다. 밤새 읽고 아침에 계속 읽어도 즐겁다(4단계). 그리고 다시 글을 쓴다. 이번엔 내 뇌가 아주 흡족해하는 게 느껴진다. 그리고 다음 날 또 긍정 확언을 100번 외친다. 또 스캔하고.

이런 과정을 거쳐 내가 성장하는 것이다(5단계).

책이 출간되면서 내 긍정 확언은 자연스럽게 바뀌었다. 아니 저절로 바뀌었다.

"올해 10억 벌었습니다. 매장으로 2억, 개그맨으로 1억, 프랜차이즈로 7억. 사람들을 이롭게 하는 책도 썼네요. 감사합니다. 베스트셀러가 됐네요."

책은 2022년 9월 19일에 출간됐다. 그런데 이때 이미 프랜차이즈로 7억을 벌 수 있는 아이템이 만들어졌고 확신이 생겼다(2023년 3월 발산역에서 메밀박이가 오픈한다). 그래서 책으로 버는 돈은 뺐다. 그런데 기적 같은 일이 벌어졌다. 글을 쓰고 있는 오늘은 2022년 11월 30일이고 내 책《이 책은 돈 버는 법에 관한 이야기》는 출간 70일 만에 20쇄를 찍었다. 강연 요청도 엄청 들어온다. 2023년에 책과 관련해서 7억 이상의 수입이 생길 것이다. 결국 작년 겨울에 외치던 모든 것이 이뤄졌다. 심지어 목표치를 넘어버렸다.

긍정 확언을 외친다고 무조건 이뤄지는 것이 아니라 그 과정을 이해하고 노력도 함께해야 한다. 아무것도 하지 않고 긍정 확언을 외치기만 하면 안 된다. 모든 감각을 열고 긍정 확언을 외쳐야 한다. 분명 외치는 목표보다 자신의 능력이 모자랄 것이다. 여기서 판가름이 난다. 어떤 사람은 "에이, 이게 되겠어?"라고 포기하고 어떤 사람은 "내가 부족하구나. 목표를 이루기 위해 뭘 하면 될까? 그래 일단 도서관에 가서 책부터 읽자"라고 결심한다.

정확하게 이 두 가지로 나뉜다. 당신은 어느 방향을 선택할 것인가.

나는 어떻게 삶의 해답을 찾는가

긍정 확언은 원리를 알고 실천해야 한다. 포기하고 싶은 마음이 생기면 목표를 좀더 작게 잡고 자주 성공하라. 포기하지만 마라. 꾸준히 하면 긍정 확언의 능력도 커진다. 긍정 확언의 가장 큰 장점은 내가 나를 안다는 것이다. 알고 하는 것과 모르고 하는 것은 천지차이다. 우리는 알고 하자.

'나'를 찾아라

우리 안에는 위대한 '나'가 이미 존재한다. 내 안에 있는 것을 찾아내는 것이지, 없던 것이 외부에서 들어오는 것이 아니다. 내 안에 이미 여러 '나'가 살고 있기 때문에 하나씩 발견해가는 것이다.

내 안에는 개그맨인 '나', 요식업을 하는 '나', 작가인 '나'가 살고 있다. 이런 '나'는 내가 독서를 통해 찾아낸 것이다. 그리고 난 아직 발견하지 못한 '나'가 내 안에 있다고 믿는다. 아직 발견하지 못한 '나'가 너무 궁금해 더 열심히 책을 읽는다. 우크라이나의 코미디언 출신인 젤렌스키 대통령을 보면서 대통령인

'나'를 그려보기도 하고, 욕지도에서 냉이를 캐면서 자연인인 '나'를 생각해보기도 한다.

우리는 현재 '내'가 불러낸 '나'로 살고 있다. 지금의 '나'가 마음에 들지 않는다면 '내' 안에 있는 또 다른 '나'를 찾아야 한다. 그런데 이게 쉽지 않다. 그냥 머물러 있으면 절대 찾을 수 없다.

최선을 다해 '나'를 찾지 않으면 결국 죽음 앞에서 진짜 '나'로 살지 못한 것을 후회하게 된다. 진짜 '나'를 찾는 순간부터 '내' 인생이 시작되는 것이다.

돈키호테는 죽음 앞에 다가가서야 자신이 모험가로 태어났다는 것을 깨닫게 되었다. 그런데 자신의 삶을 돌이켜 보니 단 하루도 모험가로 산 적이 없었다. 그래서 그는 깨달은 즉시 엉망진창인 갑옷을 입고 늙은 말 로시난테에 올라 모험을 떠났다. 당시 시대상으로 보면 산속에서 맹수나 산적을 만나 죽을 수도 있었다. 하지만 돈키호테는 떠난다. 하루를 살아도 진짜 '나'로 살겠다는 의지다. 죽음이 문제가 아니다. 오래 사는 것도 중요하지 않았다. 가짜 '나'로 아무리 오래 산들 무슨 의미가 있겠는가.

난 이제 막 태어났다. 내 안에서 진짜 '나'를 불러낸 덕분이다. 바로 작가와 강사인 '나'다. 난 마지막으로 엉망진창 도서관장 고명환을 불러낼 것이다.

내가 태어난 이유는 사람들에게 긍정적인 에너지를 전달해주기 위해서다. 그 방법으로 난 책과 강의와 도서관을 택했다. 난 이제 99퍼센트 '나'를 찾았다고 믿는다. 하지만 아직 찾지 못한 1퍼센트를 찾기 위해 책을 읽는다. 어떤 모습의 '나'가 숨어 있는지 찾아가는 과정이 너무 설렌다. 책이 저절로 읽어진다.

내 안에 잠자는 수많은 '나'를 깨우는 주문이 인문과 고전, 철학과 시에 담겨 있다. 이런 책을 읽고 질문을 던져야 잠자는 '나'들이 응답한다. 질문을 듣고는 고개를 들고 손을 뻗어 세상 밖으로 나온다. 당신이 그렇게 원하는 500억, 1000억의 경제적 자유를 가진 '나'가 당신 안에 깊이 잠들어 있다. 누구나 마찬가지다. 모든 사람들 속에 이런 '나'가 잠들어 있다. 누가 깨우느냐가 관건이다. 책을 읽으면 반드시 깨울 수 있다.

인간을 제외한 자연계의 모든 생명체들은 원래의 모습으로 태어난다. 인간만이 원래의 모습을 숨기고 태어난다. 인간이 태어난 이유는 원래의 '나'를 찾기 위해서다. 안중근 의사는 독립 운동가로 태어났다는 것을 스스로 알아냈다. 그리고 자신의 소명대로 인생을 살았다.

아직 태어나지 못한 수많은 '나'들이 있다. 진짜 '나'로 사는 사람들이 많아질 때 세상은 바람직하게 흘러간다. 지금 진짜 '나'를 찾기 위해 책을 읽고 있는 당신에게 감사하다. 자신에게 질문을 던져라.

"나는 왜 태어났는가?"

당신 안에 있는 수많은 '나'들이 대답을 위해 꿈틀거리는 게 느껴지는가? 축하한다. 당신은 이제 곧 진짜로 태어난다. 당신의 진짜 모습으로 세상을 누비길 바란다.

절대 실패할 것 같지 않은
삶을 준비하라

《노인과 바다》의 이 문장을 처음 읽었을 때 완전히 반했다.

사람은 파멸당할 수는 있을지언정 패배하지는 않아.

_《노인과 바다》중에서

'그래 전쟁이, 코로나가 나를 덮쳐 와서 나를 파멸시켜도 난 절대 패배하지 않겠어. 이건 죽음도 나를 어떻게 할 수 없는 불굴의 의지야. 세상아, 다 덤벼라.' 이런 마음으로 책을 읽은 기억이 난다.

글을 쓰고 있는 지금(2022년 12월 2일 아침 긍정 확언 367일째) 많은 경제 전문가들이 '2023년은 버텨야 할 해'라고 전망한다. '버텨야 한다면 《노인과 바다》지' 하는 생각으로 책을 다시 펼쳤다가 33쪽에서 소름이 돋았다.

그래 이런 자세로 버티면 돼.

_《노인과 바다》 중에서

어려운 경제 상황은 나에게만 오지 않는다. 모든 사람에게 온다. 그 사람들 중에서 승리하는 방법은 노인처럼 정확하게 준비해두고 기다리는 것이다.

낚시를 해본 사람은 알겠지만 배낚시를 하다가 다른 포인트로 이동할 때 어떤 사람은 커피를 마시며 쉬지만 어떤 사람은 낚싯줄이 상하지는 않았는지, 매듭이 잘못된 곳은 없는지 낚싯대를 점검한다. 이 작은 차이가 낚시인들이 꿈꾸는 빅원, 그야말로 큰 물고기를 만났을 때 커다란 차이를 만든다. 준비가 되어 있으면 얻는 반면, 그렇지 않으면 고기가 낚싯바늘을 물어도 낚싯줄이 터지든가 해서 놓쳐버린다.

기회는 언제 찾아올지 모른다. 그런데 준비를 제대로 하지 않으면 놓치게 된다. 노인의 말처럼 정확하게 준비한 사람만 기회를 잡을 수 있다. 여기서 정확한 준비가 바로 내가 말하는 '절대 실패하지 않을 것 같은 삶을 살자'는 것이고, 이걸 위해서는 딱 두 가지만 하면 된다. 아침 긍정 확언과 30분 독서! 이 두 가지면 2023년을 잘 버틸 수 있고 심지어 찾아온 기회를 한번에 잡을 수 있다.

사람들은 말한다.

"저 사람은 이런 어려운 때에 운도 좋아."

운이 좋은 게 아니라 절대 실패하지 않을 것 같은 삶을 살며 기다리다가 찾아온 기회들을 모조리 붙잡은 것이다. 우리도 해보자. 어렵지 않다.

딱 두 가지다. 매일 아침 긍정 확언을 외치고 30분 동안 책을 읽자. 나는 매일 인스타그램과 유튜브에 긍정 확언을 올리고 있다. 처음에는 혼자 외치기 쑥스럽다. 그러니 내 영상을 보면서 같이 외치다 보면 혼자 외치고 싶어진다. 그때 혼자 자신만의 긍정 확언을 외치면 된다. 당신은 2023년에 이미 기회를 잡았다!

개념 없는 사람이 되자

개념槪念. 여기서 '개槪' 자의 뜻을 아는가.

쌀가게에 가서 쌀 한 되를 사고 싶다고 하면 주인이 한 되를 재는 됫박을 가져와 거기에 쌀을 수북하게 담는다. 그런 다음 주인은 어떤 도구를 가져와 그 됫박에 딱 맞게 쌀을 깎아낸다. 그 도구를 평미레라고 부르는데, 이게 바로 '개' 자의 뜻이다. 槪 자는 평미레 개다.

개념은 그야말로 '넘치는 너의 생각을 깎아라'라는 말이다. 무서운 말이다.

《인간이 그리는 무늬》를 읽다가 '개' 자의 뜻을 알고 탄성을 내질렀다. 어쩌면 대한민국이 아직 선진국이 되지 못한 이유가, 내가 아직 위대해지지 못한 이유가 이것 때문은 아닐까. "모난 돌이 정 맞는다"며 개념 있게 살려고 노력해왔던 탓. 계속해서 자신의 생각을 깎아왔기 때문.

우린 이제 "넌 왜 이렇게 개념이 없냐?"란 말을 들으면 좋아해야 한다. 이 말은 곧 "넌 왜 이렇게 아이디어가 넘치냐?"라는 뜻이기 때문이다.

서양의 사고思考는 나로부터 나가는 사고다. 항상 내가 중심이고 모든 것은 나로부터 나간다. 반대로 동양의 사고는 들어오는 사고다. 겸손함이 미덕이다. 그래서 서양의 대패는 밖으로 밀 때 나무가 깎이는 반면 동양의 대패는 안으로 당길 때 나무가 깎인다. 돈을 셀 때도 동양은 안으로 접으면서 세는 반면 서양은 한 장씩 밖으로 던지면서 센다. 서양은 생각을 마구 뿜어내는 데 익숙해 있고 동양은 뿜어져 나오는 생각을 붙잡아두는 데 익숙해 있다. 미국이 세계 1위이고 우리나라가 아직 중진국인 이유가 바로 여기에 있다.

강점 혁명이란 말이 있다. 잘하는 것을 더 잘하게 만들자는 말이다. 내 아이가 국어를 100점 맞고 수학을 30점 맞았다고 하자. 어느 학원에 보낼 것인가? 대부분 수학 학원에 보낼 것이다. 하

나는 어떻게 삶의 해답을 찾는가

지만 난 국어 학원에 보내는 것이 맞는다고 본다. 국어 100점을 맞는 아이는 국어가 재밌고 잘하니까 100점을 맞는 것이다. 국어에 타고났다고 할 수 있다. 수학이 30점이면 관심이 없고 재미가 없는 것이다. 수학은 타고나지 못했다. 이런 아이를 수학 학원에 계속 보내면 점수는 좀 올라가겠지만 공부 자체에 흥미를 잃어버릴 것이다. 그러다 어느 날 점수를 보면 국어 70점, 수학 50점의 평범함 이하의 아이가 돼 있다.

어떻게 그렇게 내가 확신하느냐 하면 《하류 지향》이라는 책을 읽었기 때문이다. 이 책에 이런 일화가 나온다. 중국 탁구가 세계 1위인 이유가 바로 강점 혁명으로 훈련을 시켰기 때문이라는 것이다. 공격은 잘하지만 수비에 허점이 있는 선수는 공격을 더 훈련시킨다. 그러면 수비할 일이 없어진다. 한 방 공격으로 게임을 끝내니 말이다.

타이거 우즈가 전성기에 골프 황제라는 칭호를 받은 이유도 강점 혁명이다. 타이거 우즈는 드라이버(가장 멀리 보내는 골프채)를 가장 잘 쳤고, 벙커 샷(모래에 공이 빠졌을 때 탈출하는 샷)을 가장 못 쳤다. 골프 대회에서 골프 코스를 설계할 때 거의 모든 선수들이 공을 떨어뜨릴 만한 곳에 함정으로 벙커를 만든다. 그러니 벙커 샷이 약한 타이거 우즈에게 벙커는 늘 위기였다. 그런데 타이거 우즈의 최고 스승이자 전설의 코치인 부치 하면은 그에게 벙커 샷을 연습시키는 대신 드라이버를 더 멀리 칠 수 있게 훈련을 시켰다. 더 잘하는 걸 훈련해 아예 위기를 비켜 갈 수 있게 만든 것이다.

100점이 끝이 아니다. 1000점, 1만 점도 있다. 스스로 100점에 생각을 잡아두지 마라. 내가 잘하는 분야에서 오히려 더 많은 생각을 분출하라. 평균에 맞추지 말고 튀는 사람이 되자.

누군가 나와 다른 생각을 말한다고 해서 배척하지 말고 그걸 기회 삼아 다른 생각을 발전시켜보자. 생각은 깎는 것이 아니니까. 우리 모두 개념 없는 사람이 되자.

행운은 더하기가 아니라 곱하기다

《더 해빙》에 나오는 말이다. 나 역시 이 말에 격하게 공감한다.

행운은 우리의 노력에 곱셈이 되는 것이지 덧셈이 되는 것
은 아니에요.

_《더 해빙》 중에서

아무런 노력을 하지 않는 사람은 엄청난 행운이 찾아와도 영
원히 제로 상태다. 아무것도 하지 않는 사람에게 행운이 찾아
오지 않는 이유다. 아니 행운이 늘 곁에 있지만 알아보지 못한

다. 행운과 기회는 늘 가까운 곳에 있다. 하지만 우리 눈에 보이지 않는다. 노력의 수치가 높아져야 행운이 보이는 것이다.

"열심히 노력하라고 하는데 뭘 해야 할지 모르겠어요."

이렇게 말하는 사람들이 많다. 책을 읽으면 된다. 사람들은 모두 같은 크기의 행운과 기회를 가지고 있다. "저 사람은 운이 좋아"라고 말하지만 그 사람이 얼마나 노력했는지 모르고 하는 소리다. 이건 틀림없는 법칙이다.

노력 × 행운 = 결과

이제 우리가 할 일은 '노력'에 들어갈 숫자를 크게 만드는 것이다. 책 한 권 읽을 때마다 숫자가 커진다고 생각하면 된다. 나는 수많은 책을 읽으면서 일어나지 않을 것 같은 기적들을 많이 경험했다. 읽은 책이 쌓일수록 내 행복도 커졌다. 돈도 당연히 그만큼 더 많이 벌어졌다. 행운은 내가 키우는 것이지 저절로 커져서 나를 찾아오는 게 아니었다.

그러니 가만히 있는 사람에겐 행운이 찾아와도 아무런 일도 일어나지 않는다.

$$0 \times 행운 = 0$$

그 상태가 계속되면 행운이 찾아온 사람과 자신을 비교하게
되고 스트레스만 받으며 살게 된다. 또 하나의 법칙이 있다.

$$노력하지 않음 - 행운 = 결과$$

바로 마이너스 행운의 법칙이다. 아무것도 하지 않으면 제자
리에 머무르는 것이 아니라 뒤처지게 된다. 세상이 변하고 사
람들은 성장하기 때문이다. 계속 아무것도 하지 않으면 행운
은 마이너스가 된다. -1 행운, -2 행운, -3 행운이 되고, 마이
너스 숫자가 커지면 커질수록 결국 자신이 가지고 있던 행운은
불행이 된다. 그래서 불행해지는 것이다.

주변에 운이 좋다는 사람들을 자세히 관찰해보라. 분
주히 뭔가를 하고 있을 것이다. 그 노력이 점점 커져서
행운을 불러오는 것이다.

'난 그렇게 하는데도 행운이 찾아오지 않아'라고 생각한다

면 이 말을 해주고 싶다. 행운이 찾아오는 때는 사람마다 다르
다. 그러니 서두르지 말고 당신의 때가 있다는 것을 믿고 꾸준
히 숫자를 키워가라. 나도 20대와 30대를 흘려보내고, 40대 후
반이 되어서야 그런 행운이 찾아왔다. 그런데 앞서 쌓아둔 노
력이 많았던 덕분에 행운이 찾아왔을 때 더 크게 찾아왔다. 이
렇게 생각해보면 행운은 늦게 찾아올수록 좋을 수도 있다. 그
만큼 노력의 숫자가 쌓여서 커지기 때문이다. 그러니 서두르지
말고 오히려 행운이 늦게 오길 기대하라.

　행운은 반드시 온다. 포기하지 말고 묵묵히 성장하고 있으면
된다. 난 도서관에 갈 때마다 행운의 크기가 커지는 게 느껴진
다. 그래서 도서관에 하루라도 더 가려고 하는 것이다. 이번 주
에 도서관에 3일 갔으면 3의 노력을 쌓은 것이다. 그러니 다음
주에는 노력의 숫자를 4로 만들고 싶은 마음에 3일이 아닌 4일
을 도서관에 가게 된다. 그리고 외친다.

　"이번 주에는 행운이 4배로 커졌네."

　이렇게 쌓인 행운은 반드시 결과로 나타난다. 눈에 보이는
돈과 성공으로 나타나기도 하고 마음의 평온과 깨달음으로 나

나는 어떻게 삶의 해답을 찾는가

타나기도 한다. 눈에 안 보인다고 실망하지 마라. 안 보이는 내면의 행운이 인간에게 더 큰 축복을 준다.

내가 느끼는 내면의 축복은 바로 미래에 대한 두려움이 사라진 것이다. 점점 커지는 행운을 느끼면 내 미래는 당연히 잘될 거라는 믿음이 생긴다. 난 무조건 성공할 사람이기 때문에 다른 사람들 앞에서 기가 죽지도 않는다. 남과 비교 자체를 하지 않는다. 하루하루 삶이 충만하다. 스트레스가 없다. 이게 가장 큰 축복이다. 인간은 현재를 살고 과정을 산다. 스트레스 없이 매시간 즐겁게 사는 게 가장 큰 축복이다.

이렇게 살면 돈은 저절로 따라온다. 지금 이 책을 읽는 당신은 이미 행운의 크기가 2배만큼 더 커졌다. 이렇게 행운은 내가 키우고 기회도 내가 끌어당기는 것이다. 우리는 행운을 부르는 성공 방정식을 배웠으니 이제 실천하면 된다.

일주일에 세 번 정도 도서관에 간다. 도서관에 못 가더라도 어디서든 책을 읽으면 된다. 그리고 매일 아침 긍정 확언만 외쳐도 당신의 행운은 엄청나게 쑥쑥 자라서 정말 당신에게 필요한 순간에 기적처럼 나타난다.

인생은 불확실하고 뒤죽박죽인 것처럼 보이지만 그

렇지 않다. 자연과 똑같이 정확한 법칙을 따른다. 왜냐면 우리 인간도 자연이기 때문이다. 이제 공식을 알았으니 그대로 하면 된다. 모든 자연은 성장한다. 우리 인간만 멈춰 있다. 아무리 힘들어도 한 발 한 발 앞으로 나아가라. 당신이 목말라 죽을 것 같은 그 순간에 한 발만 더 나아가면 기적처럼 오아시스가 나타날 것이다. 이게 행운이다. 그야말로 내 발로 찾아가는 행운 말이다.

도서관에서 만나자. 남산 도서관 2층 핑크방이다.

성공하는 사람들의 말버릇

여행 가면 꼭 이렇게 말하는 친구들이 있다.

"아, 엄마가 싸준 김치 들고 올걸."
"아, 두꺼운 옷 가져올걸."

더 나아가 인생의 중요한 결정에 대해서도 이렇게 말하는 이들이 있다.

"내가 그때 창업을 했어야 했는데."

"그때 결혼하지 말았어야 했는데."

이 세상에서 가장 쓸모없는 말이 후회의 말이다. '~할걸' 하고 말하는 순간 나는 물론 주변 사람들에게도 부정적인 영향을 미치게 된다. 후회의 말은 절대 내뱉어서는 안 된다.

후회를 하지 말고, 그걸 경험 삼아 앞으로 나아가는 말을 해야 한다. '가져올걸' 대신, '아, 이럴 때는 김치를 가져와야 하는구나', '아 다음에 여행 갈 땐 따뜻한 옷을 챙겨야겠구나' 하고 마음속으로 각인시키자. 그래야 그 것이 실수나 후회로 남지 않고 다음에는 같은 일을 반복하지 않을 수 있다.

'창업할걸'도 마찬가지다. 일단 그런 생각이 들었다면 지나온 일을 되돌아볼 것이 아니라, 앞으로 나아가는 방향으로 생각하며 하나하나 점검해보자. 왜 나는 현재 다니고 있는 회사를 괴로워하는가에 대해 조목조목 따져보고 개선할 여지가 있는지 찾아보자. 개선할 여지가 없다면 내가 창업을 위한 어떤 준비가 되어 있는지를 살펴보고, 어떻게 준비할 수 있는지를 따져보자.

인간이기에, 나도 후회의 말이 불쑥불쑥 튀어나올 때가 있다. 어제도 글을 쓰다 잠이 들었는데 아침에 눈 뜨자마자 '좀더 쓰고 잘걸'이라는 생각이 들었다. 그래서 바로 '아니야. 그래도 잘 잤어. 어제 더 썼다고 더 좋은 글이 나오지는 않았을 거야. 푹 잘 잤으면 됐지'라고 마음을 바로잡았다. 사실 생각해보면 그것이 사실이기도 했다.

후회한다고 달라지는 건 없다. 후회 대신 앞으로 나아가는 말을 내뱉자. 김치를 안 싸 왔으면 가는 길에 사면 되고, 두꺼운 옷이 없으면 추운 곳 대신 따뜻한 곳에 가면 되고, 어제 책을 못 읽었으면 오늘 읽으면 되고, 창업을 못 했으면 지금부터 준비하면 된다.

성공하는 사람들은 절대 '~할걸' 하는 말을 내뱉지 않는다. 그들은 이미 말버릇 중에 가장 쓸모없는 말버릇이 후회라는 걸 알고 있기 때문이다.

공상하지 말고
상상하라

"지금의 나는 내 생각의 결과다."

이 말을 들어봤을 것이다. 여기서 '생각'이란 단어를 생각해 보자.

삶은 우리가 기대하는 대로 흘러가지 않는다. "왜 슬픈 예감은 틀린 적이 없나"라는 노래 가사처럼, 삶은 내 뜻대로 되지 않는다.

확실하게, 구체적으로, 경험적으로 상상해야 생각이 현실로 이뤄진다. 이뤄질 수 없는 생각은 공상이다. 공상과 상상을 사

나는 어떻게 삶의 해답을 찾는가

전에서 찾아보면 이렇게 다르다.

> 상상: 실제로 경험하지 않은 현상이나 사물에 대하여 마음속으로 그려봄
>
> 공상: 현실적이지 못하거나 실현될 가망이 없는 것을 상상함

상상은 마음에 그려볼 수 있을 정도로 확실한 생각이다. 그런 의미에서 앞서 말한 노래의 가사 "왜 슬픈 예감은 틀린 적이 없나"는 내용은 안타깝지만 '생각'을 한 결과다. 내가 그런 일을 자주 겪어봤기 때문에, 혹은 주변에서 그런 일을 자주 봤기 때문에 '슬픔 예감'을 생각했고, 그렇게 '슬픈 예감'의 결과를 맞이한 것이다.

그렇다면 '성공 예감'은 왜 항상 틀릴까? 그만큼 성공해본 경험이 없고 주변에 성공한 사람이 없기 때문이다.

"놀더라도 성공한 사람들 근처에서 놀아라."

성공한 사람들에게 성공한 삶에 대한 얘기를 구체적

으로 듣고, 그 삶에 대해 상상해야 이뤄진다. 그러지 않고 막연하게 500억 건물주의 삶을 상상하는 것은 실현될 가망이 없는 공상일 뿐이다.

자신의 꿈이 이뤄지지 않았다면 공상을 하고 있었던 것이다. 당신은 얼마나 구체적으로 500억 건물주의 삶을 상상할 수 있는가? 만나본 적은 있는가? 500억 건물주가 쓴 책은 읽어본 적이 있는가? 500억, 1000억 자산가들이 쓴 책을 읽어보라. 책을 통해 이들의 삶을 들여다보고 내 마음속에 제대로 그려야 나 역시 500억 자산가가 될 수 있다.

그 어떤 영화도 책을 이길 수 없다고 한다. 이유는 같은 책을 읽어도 사람마다 각자 처한 환경이 다르기에 각자 다른 상상을 하기 때문이다. 책은 책을 읽은 500명이 각기 다른 상상을 하게 하는 반면 하나의 상상을 스크린으로 비춰주는 영화는 모두가 같은 상상을 하게 한다.

500억 건물주의 삶을 그린 영화를 볼 것이 아니라 그 사람이 쓴, 그 사람에 대한 책을 읽고 내게 실현될 가망이 있는 상상을 해야 500억 건물주라는 당신의 꿈이 이뤄진다. 부자의 삶뿐만 아니라 인간이 경험할 수 있는 모든 삶들이 책 속에 있다. 그 삶들을 읽다 보면 내게 맞는 삶을 상상하게 되고 결국 자신이 태어난 이유대로 살게 되는 것이다.

책과 함께 우리의 생각을 현실로 이뤄지게 도와주는 것이 예술 작품이다. 베토벤의 〈환희의 송가〉를 100번만 들어보라. 환희에 찬 당신의 인생이 떠오를 것이다. 들으면 들을수록 더 구체적으로 환희에 찬 당신의 삶이 그려질 것이다. 이게 예술 작품의 힘이다. 환희에 찬 당신의 삶을 그냥 상상해보라고 하면 잘 안 되지만, 베토벤의 〈환희의 송가〉를 듣고 있으면 상상하지 않으려 해도 환희에 찬 내 인생이 그려진다. 수백 번 듣다 보면 환희에 찬 삶이 너무도 생생하게 보인다. 그렇게 구체적으로 생각한 상상은 반드시 이뤄진다.

막연하게 상상하던 내 삶이 아니라 확신에 찬 내 인생의 방향을 음악을 통해 검증받는 것이다. 그래서 예술작품이 인간에게 이롭고 예술가들은 위대하다고 하는 것이다. 그림도 마찬가지다. 이미 역사적으로 많은 사람들이 찬사를 보내는 그림을 통해 진정한 내 삶을 찾을 수 있다. 그런 영감을 받기 위해 갤러리에 가서 그림 앞에 서 있는 것이다. 내가 볼 수 없었던, 상상할 수 없었던 내 삶의 방향을 그림이라는 창을 통해 볼 수 있는 것이다. 그림을 제대로 감상한다는 것은 그림을 통해 내 삶에 대한 영감을 얻는 것이다. 우리 인간은 미술과 음악과 춤을 통해 내 안에 잠자고 있던 거인을 깨운다.

"어떻게 살아야 할지 모르겠어요."
"좋아하는 걸 하라고 하는데 내가 좋아하는 게 뭔지 모르겠어요."

지금 이런 생각이 든다면, 책을 읽고, 음악을 듣고, 그림을 보라. 아무것도 하지 않고 진리를 깨달을 수는 없다. 책과 예술 작품이 당신의 꿈을 알려주고 실현할 수 있도록 만들어줄 것이다. 환희에 찬 당신의 삶이 현실에서 이뤄지도록 공상하지 말고 상상하라.

나는 어떻게 삶의 해답을 찾는가

소유하는 게 아니라
내 안에 쌓는 것이다

이를 토대로 부富를 정의하면 '역량 있는 사람의 손에 소
유된 가치'라 할 수 있겠다.

_《나중에 온 이 사람에게도》 중에서

이 부분을 읽고 책을 덮을 수밖에 없었다. '아, 진정한 부는
쌓아놓는 것이 아니라 가지고 다니는 것이구나'를 깨달았기 때
문이다. 생각이 물결 쳐 더 이상 읽을 수가 없었다.

전쟁이 떠올랐다. 전쟁으로 모든 것이 폐허가 됐다. 그
속에서 한 사람이 폐허가 된 도시를 다시 일으키고 사람

들을 다독거리고 다시 경제를 움직이게 만들고 있다. 모든 것을 잃어버린 잿더미 속에서 다시 부를 만들 수 있는 힘. 진정한 부는 소유하는 것이 아니라 자신 속에 가지고 다니는 것이다.

부를 내 안에 쌓아놓지 않은 사람들이 남을 부러워한다. 시골 사람들은 도시를 그리워하고 도시 사람들은 시골을 그리워한다. 직장인들은 모험에 뛰어든 창업자를 부러워하고 창업자들은 꼬박꼬박 안정적으로 월급을 받는 직장인들을 부러워한다. 내 안에 역량이, 내공이 부족해서 그렇다.

우리는 눈에 보이는 것들이 '부'라고 생각한다. 번듯한 아파트, 고가의 차, 명품 가방과 옷까지. 하지만 전쟁이 나서 폐허가 되었다고 생각해봐라. 아파트는 무너지고, 차는 망가지고, 가방과 옷은 너덜너덜한 거적때기가 되어 있을 것이다. 하지만 내 안에 있는 힘이 부라면 내 주위가 폐허가 되어도 내가 살아 있는 한 그 부는 없어지지 않을 것이다.

내 재산이 모두 잿더미가 되어도 다시 일으킬 수 있는 사람. 그것이 당연하다고 생각하는 사람이 유대인들이다. 유대인들이 세계 경제를 장악하고 있는 이유가 바로 이 '가지고 다니는 역량' 때문이다. 유대민족은 디아스포라diaspora, 즉 흩어짐의 민족이다. 부모와 자식이 언제 헤어질지 모르는 민족이었다. 그래서 부모들은 아이가 8세가 되면 어디에 홀로 떨어져 있어도 살아갈 수 있도록 교육하는 게 목표였고, 그 방법이 유명한 하브루타 교육법이다.

존 러스킨은 또 다른 책《참깨와 백합 그리고 독서에 관하여》에서 진정한 교육에 대해 이렇게 말한다.

> 교육은 경쟁에서 이겨 남들보다 나은 소유와 지위를 누리는 출세를 준비하는 과정이 아니라 책을 통해 최고의 지혜를 얻으며 가슴은 점점 부드러워지고, 피는 뜨거워지고, 머리는 명민해지며, 생명을 풍성하게 하는 평강의 정신을 얻음으로써 관대해지는 것이다.
>
> _《참깨와 백합 그리고 독서에 관하여》 중에서

교육은 결국 관대해지는 것이다. 관대해진다는 것은 기꺼이 남을 위해 사는 삶을 이해하는 것이다. 진정한 교육은 오직 나를 위해 재산을 쌓고 오직 나를 위해 건물을 쌓는 게 아니라 어디서든 남을 도울 수 있도록 내 안에 역량을 쌓는 것이다.

소유하지 말고, 내 안에 쌓아라. 내 안에 부와 역량을 쌓으면 저절로 남을 돕게 된다. 결국 인간은 나를 위한 삶이 아니라 남을 돕는 삶에서 진정한 삶의 방향을 찾게 된다. 우리는 그동안 경쟁에 이겨 남들보다 나은 소유와 지위를 누리도록 교육받았다. 이런 교육 때문에 내 삶의 방향을 제대로 찾지 못했다. 관대해지자.

나는 어떻게 삶의 해답을 찾는가

결핍이 필요한 이유

내가 처음 방송국에 들어갔을 때 박명수 형이 이런 말을 했었다.

"명환아! 우리 개그맨들은 0에서 플러스로 쌓지를 못 해. 돈이 쌓이면 쓰면서 놀고 싶거든. 그러니까 항상 마이너스를 만들어서 갚아나가는 방법으로 돈을 벌면 돼. 너 당장 주택청약 신청해. 중도금 날짜에 맞춰서 열심히 일하고 중도금 내다 보면 어느 순간 아파트 한 채가 생기는 거야. 이런 식으로 계속 일단 마이너스를 만들고 갚아나가면 돼. 우린 빚지는 걸 싫어해서 이런 방법이 좋아."

이 방법은 엄청났다. 실제 난 이 방법으로 집을 여러 채 갖게
됐다.

여기서도 '나는 누구인가? 어떤 스타일인가?'를 아는 게 중
요하다. 저축하며 쌓아가는 걸 잘하는 사람은 플러스 전략을
쓰면 되고 나처럼 쌓지는 못하고 갚아나가는 걸 잘하는 사람은
마이너스 전략을 쓰면 된다. 돈에 대해서는 〈포천〉지 선정 100
대 부자에 오른 세계 최고의 펀드 매니저 레이 달리오의 말을
들어보자.

> 사실 훨씬 더 많이 가지고 있는 것은 큰 부담이 되기 때문
> 에, 적당히 소유하는 것보다 더 나쁘다.
>
> _《원칙》 중에서

여기서 레이 달리오가 말하는 '적당히'를 잘 이해해야 한다.

사람에게는 저마다의 돈 그릇이 있다. 그런데 내가 가
진 돈 그릇보다 조금 덜 가져야 행복하다. 더 많이 가지
면 혼돈과 고통만 가득하다. 더 많이 가진 만큼 고통스럽

다. 이건 진리다. 그리고 조금 덜 가져야 더 성장할 수 있다. 인간은 성장할 때 가장 행복하다. 이미 다 이룬 다음엔, 심지어 더 많이 가진 다음엔 잘못된 길로 빠질 수밖에 없다. 그게 돈의 위험함이다.

이렇게 선순환을 만들면 돈이 더 잘 벌어진다. 내가 지금 그렇다. 넘치려고 하면 돈을 잘 흘려보내면 된다. 난 내 그릇보다 넘치게 들어오는 돈으로 도서관을 짓겠다고 결정한 후부터 돈에 대한 스트레스가 사라졌다. 오히려 하루하루를 즐겁게 살고 있다.

돈을 무작정 많이 가지려 하지 마라. 그렇게 한다고 가질 수도 없으며 설령 가진다 해도 행복하지 않다. 약간 모자란 만큼만 벌고 넘치면 나눠주라. 그러면서 돈 그릇을 계속 키워라. 이것이 돈이 저절로 벌어지는 선순환 구조다.

이것을 경험하며 깨달은 것은 결핍의 힘이다. 돈, 몸, 잠, 책. 이 네 가지에는 결핍이 필요하다.

몸의 결핍은 소식(적게 먹는 것)이다. 소식은 무조건 건강에 좋다. 현대 사회에서는 무엇을 먹을 것인가보다 어떻게 해독할 것인가가 건강의 목표다. 목표를 달성하는 방법은 어렵지 않다. 속이 비어 있는 시간이 길면 저절로 디톡스(해독)된다. 우리 장기는 음식물이 차 있으면 소화에만 집중한다. 소화가 다 끝나야 해독 단계로 넘어간다. 그런데 음식물이 위장에 계속 차 있으면 해독을 할 수 없고 결국 건강을 해치게 된다. 그러니 소식하면 자연스레 건강해진다.

잠도 그렇다. 나는 잠을 조금 모자라게 자는 편이다. 언제라도 머리만 땅에 닿으면 잠들기 위함이다.

연예인 시절 불면증으로 엄청 고생했다. 미래에 대한 불안감으로 잠을 이룰 수 없었다. 그때 버릇이 아직 남아, 잠들기에 실패하면 뜬눈으로 밤을 새운다. 이럴 때는 책도 안 읽어진다. 대신에 낮잠을 꼭 잔다. 차에서, 또는 찜질방에서. 그때는 머리만 대면 잔다. 20분 정도 자고 나면 머리가 맑아진다. 그리고 책을 30분 정도 읽는다. 내 식당 브레이크 타임에 즐길 수 있는 최고의 시간이다.

책은 읽을수록 결핍이 생긴다. 그래서 더 읽고 싶은 열정이 샘솟는 것이다. 예를 들어 양자역학에 대해 전혀 모른다면 책을 읽고 싶은 생각조차 없을 것이다. 그런데 양자역학에 대해 한 권을 읽으면 다른 책이 너무 읽고 싶어진다. 니체를 읽으면 다른 철학자들의 책이 읽고 싶어진다. 이런 결핍이 열정으로 바뀌며 책을 읽다 보면 결국 '앎'을 얻게 된다. 이 단계가 되면

나는 어떻게 삶의 해답을 찾는가

돈을 초월해 책만 있어도 행복한 삶이 된다. 그리고 신기한 건 이때부터 돈에 집착하지 않게 되는데 돈은 오히려 더 잘 벌어진다는 것이다.

모두가 이 선순환에 올라타, 겪지 않아도 되는 고통을 겪지 않길 바란다. 결핍을 사랑하자.

'남'이라는
글자의 비밀

지금 당장 '남'이라는 글자를 써보아라. '남'이라는 글자는 'ㅁ' 위에 '나'를 올려놓은 것이다. 그렇다. 남을 위해서 살면 내가 더 돋보이고 내가 원하는 곳으로 올라 갈 수 있는 것이다.

우주의 모든 생명체는 서로를 위해서 존재한다. 풀은 토끼에게, 토끼는 여우에게, 여우는 사자에게 먹이가 된다. 그러면 사자는? 사자는 죽어서 풀의 영양분이 된다. 인간 외에 모든 생명체가 이 사실을 알고 받아들인다. 그게 본능이다. 그런데 슬프게도 인간만 이성이란 걸 가져서 욕심을 품게 되고, 나만을 위

나는 어떻게 삶의 해답을 찾는가

해 살겠다는 이기적인 생각을 하게 됐다. 이런 이기적인 생각으로 살다 보니 진정한 내가 밖으로 나오지 않고 내 안에 계속 잠들어 있게 되었다.

내 안에는 수많은 '나'가 있다. 그중에 진짜 '나'는 남을 위해 태어난 나다. 그런데 남을 위하지 않고 오직 나만을 위해서 사니까 진정한 '나'가 깨어나지 않는 것이다.

요즘 강의를 다니다 보면 "내가 진짜 좋아하는 게 뭔지 모르겠어요"라는 말을 자주 듣는다. 왜 이런 말들을 하게 되었을까? 바로 나만을 위해 산다는 기준을 가지고 그 기준에 맞춰서 좋아하는 일을 찾기 때문이다.

인간은 나만을 위해서 살도록 설계되지 않았다. 그러니 나만을 위해 살겠다는 생각을 버리고 남을 위해 살겠다는 기준을 세워라. 그리고 지금 당장 자신의 이름을 부르고 소리 내서 자신에게 물어보라. "남을 위해 내가 할 수 있는 일이 뭐가 있을까?" 잠자고 있던 진짜 '나'가 당신의 목소리를 듣고 깨어난다. 일단 깨웠다면 독서를 통해서 계속 질문을 던져라.

"명환아! 남을 위해서 내가 할 수 있는 일이 뭐가 있을까?"

처음엔 이 질문에 담긴 속뜻을 알 수 없다. 남을 위해서 할 수 있는 일을 고민하면서도 '돈은 벌어야지' 하는 생각을 은연중에 하기 때문이다. 괜찮다. 누구나 다 그렇게 시작한다. 맞다. 당연히 돈을 벌어야 한다. 그런데 진정 남을 위해서 살면 돈은 저절로 따라온다는 것을 제발 믿어주기 바란다. 내가 지금 그렇게 살고 있다. 난 이 원리를 깨닫고 "어떻게 하면 더 남을 위해서 살 수 있을까?"라고 질문을 계속 던졌다. 그러자 너무도 좋은 아이디어들이 쑥쑥 탄생했고 그 아이디어를 실행에 옮겼더니 돈이 저절로 벌어졌다.

이 책을 쓰기 위해 여기 욕지도로 내려오면서 운전 중에 이런 생각을 했다. '경기가 더 안 좋아지는데 최고로 가성비 좋은, 내가 만들 수 있는 음식이 뭐가 있을까?' 계속 질문을 던졌더니 5000원짜리 메밀국수 아이디어가 떠올랐다. 이름은 "고명환의 한남 메밀"이다. 한남동에 5000원짜리 메밀국수집을 차리겠다.

사실 욕지도에 내려오기 전에 한남동에서 포장마차를 하고 있는 동생이 업종 변경을 하고 싶다며 도와달라고 했다. 난 진심으로 그 동생을 도와주고 싶다는 마음으로 고민했다. 가게가 대박날 수 있는 아이디어를 달라고 내 잠재의식에게 부탁했다. 그랬더니 5000원짜리 메밀국수(수익률은 20퍼센트) 아이디어를 잠재의식이 만들어줬다. 한남동에서 5000원짜리 메밀국수를 팔면《손자병법》에서 말한 '이겨놓고 싸워라'의 정석인 셈이다.

난 앞으로 5000원대의 식당에 계속 도전할 것이다. 주머니 사정이 좋지 않은 사람들이 마음 놓고 한끼 맛있게 먹을 수 있는 식당을 만들 것이다. 이런 계획을 세우고 준비하는 과정이 너무 행복하다. 사람들이 웃으며 가게에 들어와 맛있게 먹고는 내게 고맙다며 인사하고 나가는 모습이 눈에 선하다. 이 정도의 확신이면 반드시 된다.

남을 위하겠다는 마음과, 고정관념을 버리고 5000원짜리 음식을 팔아도 돈을 벌 수 있다는 생각이 합쳐져서 위대한 아이디어가 탄생했다. 앞으로 만들어질 5000원짜리 식당 생각에 지금도 가슴이 두근거린다.

다른 사람의 성공을 도와라

세계 100대 부자 중 한 명이며 미국 〈타임〉 지가 선정한 세계의 영향력 있는 인물 100인 안에 드는 레이 달리오는 자신의 책 《원칙》에서 이렇게 말한다.

> 나는 성공에 대한 만족은 목표를 달성하는 것에서 나오는 것이 아니라, 어려운 일을 잘 헤쳐 나가는 데서 온다는 사실을 발견했다. (중략) 나는 아직도 열심히 노력하고 있고, 죽을 때까지 그럴 것이다. 내가 어려움을 피하려고 노력해도 어려움은 나를 찾아올 것이기 때문이다. (중략) 나는 내

가 성공하고 싶은 욕구보다 다른 사람들이 성공할 수 있도록 돕고 싶은 욕구가 더 크다.

마지막 문장에 주목하라. "다른 사람들이 성공할 수 있도록 돕고 싶은 욕구가 더 크다." 난 이 말 뒤에 숨겨진 말이 있다고 생각한다. '그렇게 살아보니 내가 가장 행복했다.'

레이 달리오의 재산은 약 20조 원으로 알려져 있다. 이런 사람조차 아무리 노력해도 어려움은 찾아온다고 얘기한다. 삶은 돈이 많다고 해서 편해지고 자유로워지는 게 절대 아니다. 나만의 즐거움, 나만의 행복만 추구하면 삶이 고통일 수밖에 없다. 하지만 돈이 없어도 남을 위해 이 한 몸 바치겠다는 마음으로 살아보면 당장 오늘부터 행복할 수 있다.

남들이 하기 싫어하는 일을 기쁜 마음으로 맡아서 해보라. 처음엔 힘들다. 하지만 연습하면 된다. 일부러라도 신나게 남이 하기 싫어하는 일을 처리해보라. 어느 순간 진짜 신난 자신을 보게 될 것이다. 그렇게 일하는 당신을 아무도 미워하지 않는다. 계속 그렇게 일하는 당신을 보면 사랑하게 되고 존경하게 된다. 인간은 인간에게 인정

고명환의 독서 내공

141

받고 존경받을 때 가장 행복하다.

　나만을 위해서 계속 살아가면 진짜 내가 왜 태어났는지 죽기 전에는 알 수 없다. 그렇게 살다가 죽음 앞에 가서 '좀더 남을 위해서 살걸'이라고 후회하는 게 인간이다. 조던 B. 피터슨도 《12가지 인생의 법칙》에서 "쉬운 길이 아니라 의미 있는 길을 가라"고 말한다. 쉬운 길은 우리가 일반적으로 행복이라고 생각하는 그 길이다. 돈을 많이 벌어서 오로지 나를 위해 그 돈을 쓰다가 죽는 삶 말이다. 그런 삶은 반드시 후회한다.

　레이 달리오와 조던 B. 피터슨도 뭐 하나 부러울 게 없는 사람들이다. 이런 사람들이 공통적으로 얘기하는 게 '남을 위한 삶'이다. 나 역시 처음엔 긴가민가하다가 거듭 독서를 통해 확신을 가지게 됐다. 그 확신을 가지고 아이디어를 내고 사업에 적용했더니 하루하루가 행복하고 나 역시 그렇게 원하던 돈이 저절로 통장에 들어오는 삶을 살게 되었다.

　자, 눈을 감아보자. 그동안 돈을 벌면 이렇게 이렇게 나를 위해 살겠다고 했던 생각들은 싹 지워버리고 많은 돈을 벌어서 남을 위해 사는 모습을 상상해보라. 책을 읽는 사람들은 이런 시뮬레이션이 가능하다. 남을 위해 살고 있는 당신의 모습이 보이는가? 얼마나 멋진 모습인

　　　　　　　　　　　　　　　　나는 어떻게 삶의 해답을 찾는가

가? 행복이 충만한 얼굴이 보이는가? 우리는 그렇게 살아야 한다.

당신 안에 잠들어 있는 위대한 진짜 '나'를 깨우려면 매일매일 질문을 던져야 한다.

"○○아! 내가 남을 위해서 할 수 있는 일이 뭐가 있을까?"

당신은 곧 응답받을 것이다. 응답받은 당신은 이제 매일매일 즐거운 삶을 살다가 아름다운 죽음을 맞이할 것이다. 이게 바로 당신이 이 지구에 태어난 이유다.

니체가 말한 삶의 3단계는

독서와도 닮아 있다.

주어진 길을 걸어가는 낙타,

자신의 길을 개척하는 사자,

가장 나답게

자유롭게 노니는 어린아이.

내게 많은 사람이 독서에 관해 질문한다. 책 읽기는 어디서부터 시작해야 하나요? 책은 어떻게 골라야 하나요? 지금 저는 제대로 읽고 있는 건가요?

나는 내게 질문을 해오는 모든 사람들이 너무 감사하다. 내 경험을 나누며 그들에게 또 하나의 가치를 만들어줄 수 있으니 기쁘고, 그 질문이 내게 또 다른 아이디어를 가져다주니 행복하다. 지금 하고자 하는 말도 그들의 질문이 아니었으면 나올 수 없었으니 말이다.

독서에도 단계가 필요하다. 나는 그 단계를 '낙타 - 사자 - 어린아이' 단계라 부른다.

이 개념은 철학자 니체에게서 가져왔다. 《짜라투스트라는 이렇게 말했다》에는 이런 구절이 나온다.

> 그들에게 정신의 세 가지 변화에 대해 말하고자 한다. 어떻게 하여 정신이 낙타가 되고 낙타는 사자가 되며 사자는 마침내 아이가 되는가를.
>
> _《짜라투스트라는 이렇게 말했다》 중에서

이 책을 읽으며 이 개념이야말로 독서의 단계를 설명할 수 있는 가장 완벽한 방법이란 생각이 들었다. 낙타 - 사자 - 어린아이별 특징을 독서에 적용하면 이렇다.

첫 번째는 낙타의 단계다. 햇빛이 내리쬐는 사막을 걸어가는 낙타는 등에 무거운 짐을 짊어지고, 주인이 가리키는 방향을 향해 하염없이 걷는다. 낙타는 그저 가만히 있었는데 알 수 없는 누군가가 알 수 없는 짐을 얹고는 알 수 없는 곳을 향해 걸어가게 한다.

대부분의 인간이 태어나서 죽을 때까지 낙타의 정신으로 살아간다고 한다. 힘들어도 왜 힘든지 생각하지 않고, 그저 묵묵히 버티며 견뎌내는 것이다. 주어진 길을 가고, 끄는 대로 끌려간다.

두 번째는 사자의 단계다. 사자는 우선 자유롭다. 자신이 목적지를 정하고, 그 길을 개척해나간다. 두려울 것이 없는 용기를 가졌기 때문에 두려움이 있어도 스스로 극복할 줄 안다.

이렇게 말하면 낙타에 비해 굉장히 행복할 것 같지만 그렇지 않다. 사자는 늘 약육강식의 세계에서 경쟁해야 하고, 승리해야만 한다는 압박감이 있다. 또 사자는 자기만을 위해 사냥한다. 나누려 하지 않는다. 그러니 늘 생존의 스트레스에 시달린다.

세 번째 단계는 어린아이의 단계다. 아이는 그 무엇에도 얽매이지 않고 자유롭게 즐긴다. 길에 있는 돌멩이 하나를 가지고도 몇 시간을 즐겁게 놀 수 있고, 친구가 오면 자신이 가진 것을 아낌없이 나눈다.

누가 시켜서 하지 않고, 누군가를 이기겠다는 욕망도 없다. 그저 자기 자신으로서 자유롭게 행복한 단계이며, 가장 자기다운 단계다. 또한 어린아이는 무한 긍정이다. 어린아이의 눈으로 보는 세상은 늘 아름답다.

우리가 궁극적으로 추구해야 하는 단계는 어린아이이다. 하지만 여기서 꼭 기억해야 할 것이 있다. 독서의 단계에서는 낙타와 사자의 단계를 반드시 거쳐야만 어린아이 단계로 갈 수 있다는 것. 단번에 어린아이로 갈 수 있는 방법도, 쉽게 갈 수 있는 방법도 없다.

구체적인 단계별 특징과 삶을 대하는 태도, 책 읽기의 방법 등을 소개하려 한다. 각자가 처한 단계대로 실천해보면 좋은 독서법이지만 그렇다고 꼭 그 단계대로만 해야 하는 건 아니다. 처음 책을 읽어도 독서 근육이 금세 자란다면 어린아이 단계의 독서법을 실천해도 좋고, 수백 권의 책을 읽었어도 슬럼프에 빠지거나 책에 흥미를 잃었다면 낙타 단계에서 하는 뇌속임 독서법을 실천해봐도 좋다. 다시 강조하지만 뭐든 절대적인 것은 없다. 지금 내가 처한 상황과 현실에 맞추어 실천해보자.

4

끌려가지 않는
삶의 시작,
낙타 단계

낙타 단계에 오신 걸 환영합니다

많은 사람들이 묻는다.

"그러니까 책을 읽어야 한다는 건 알겠는데, 어디서부터 어떻게 시작해야 할지 모르겠어요."

자, 축하한다. 당신은 사자 단계, 어린아이 단계로 가기 위한 첫 번째 단계인 낙타 단계에 입문했다.

당연히 책을 처음 읽기 시작하면 낙타 단계다. 누구나 이 단계를 거쳐야 한다. 절대 바로 사자 단계로 갈 수 없다. 그러니 본인이 낙타 단계라고 낙심하지 마라. 모든 사람이 똑같은 증상을 겪고 있다. 낙타처럼 묵묵하게 참고 견디며 그 안에서 사자의 심장을 키워라. 내 속에 사자의 심장이 장착되면 저절로 낙타 단계를 졸업하게 된다. 서두르지 말고 자신의 속도를 느끼며 견뎌라. 견뎌야 한다.

우선 낙타 단계의 특징부터 설명하겠다.

책을 읽어야 한다는 것은 알지만 어떻게 책을 골라야 할지는 모른다. 그래서 일단 검색으로 다른 사람들이 추천하는 책을 찾고, 그중에서 베스트셀러 위주로 고른다.

낙타는《삼국지》를 읽어야겠다는 생각에 책을 사서 집에 가져오지만 읽지는 않는다. 혹은 책을 10쪽 남짓 읽거나 몇 번 읽으려고 시도하다가 결국 절반도 읽지 못한다. 처음엔 의욕에 가득 차서 책을 사 오지만 집에는 읽지 않는 책만 자꾸 쌓인다.

《데미안》과《노인과 바다》라는 책에 대해 처음 듣거나, 제목은 들어봤지만 내용이 뭔지는 잘 모른다.

책을 읽기 시작하면 졸음이 쏟아지거나 머릿속에 자꾸만 다른 생각이 떠오른다. 갑자기 생각난 일 때문에 다시 핸드폰을 가져다가 검색하면서 몇 분 동안 시간을 허비한다. 그러다 다시 정신을 차리고 책으로 돌아오지만 조금 전에 읽었던 내용이 기억나지 않아 다시 처음부터 책을 읽기 시작한다. 그런데 또 졸린다. 얼마 동안이나 책을 읽었는지 궁금해 자꾸만 시계를 쳐다보게 되고, 몇 페이지를 읽었는지 궁금해 자꾸만 앞으로 돌아가 책장을 세어본다. 이번엔 메모를 하며 읽겠다고 핸드폰을 들었다가 또 30분을 허비한다. 그래도 읽기로 다짐했으니 숙제를 하는 아이처럼 꾸역꾸역 읽어내려 간다.

책을 읽으며 질문을 하라고 했는데, 무슨 질문을 해야 할지 모르겠다. 《삼국지》에는 온통 어려운 한자에다 나라 이름과 사람 이름만 등장할 뿐이다. 이것을 머릿속에 넣는 것만으로도 벅차니 질문이 떠오르지 않는다.

나도 처음엔 그랬다. 여기서 중요한 건 누구에게나 이 시기가 절대적으로 필요하다는 것이다. 낙타 단계를 거치지 않으면 결코 어린아이 단계까지 갈 수가 없다.

낙타 단계에 있다면 일단 본인이 먹고살 만큼의 돈은 벌 수 있을 것이다. 워라밸을 중요하게 여길 것이고, 지금 일과 삶에 만족하지 못할 것이다. 늘 시간에 쫓기고 매일 피곤하고 지금 내 삶에 대한 특별한 질문이 없을 것이다. 주어진 대로 사는 것만도 벅차다.

자, 당신의 삶이 지금 낙타 단계라고 생각되는가. 축하한다.

지금부터 내가 낙타 단계에서 할 수 있는 독서법을 알려줄 테니 말이다. 다시 한번 강조하지만 낙타 단계라고 나쁜 것이 아니다. 모든 사람이 필수적으로 거쳐 가야 하는 단계다. 물론 그 기간이 사람마다 다를 수는 있다. 누군가는 한 달 만에 졸업할 수도 있고, 또 누군가에게는 2년이라는 시간이 필요할 수도 있다. 하지만 모두가 언젠가는 넘어서는 단계임을 잊지 말자. 그렇다고 낙타 단계를 빨리 졸업해야겠다고 조급해하지는 말자. 각자에게는 각자에게 맞는 속도가 있으니까.

그리고 명심하자. 낙타 단계에서 지체되어도 그다음 단계에서는 빨라질 수 있고, 낙타 단계를 빨리 졸업해도 다음 단계에서 지체될 수 있다는 것을 말이다. 난 당신이 당신 속도에 맞게 낙타 단계를 졸업하도록 도와줄 것이다. 그리고 기다려줄 것이다. 그러니 조급해하지도 서두르지도 마라.

책을 선택하는 방법

낙타 단계는 책을 처음 접하는 단계다. 당연히 어떤 책을 읽어야 하는지 알 수 없다. 실제 낙타도 그렇다. 낙타는 자신의 등에 얹힌 짐이 무엇인지도 모른 채 낙타몰이꾼이 이끄는 대로 따라갈 뿐이다.

이 단계에서는 책도 그렇게 읽으면 된다. 스스로 책을 고를 수는 없다. 그러니 베스트셀러, 유명인이 추천한 책, 어디선가 제목을 들어본 적이 있는 책, 주변에서 많이 얘기하는 책을 읽으면 된다.

한 가지 주의할 점은 그런 책을 골라서 읽기 시작했는

데 어렵게 느껴진다면 바로 던져버려야 한다는 것이다. 어렵다는 건, 지금 내가 이 책을 이해할 만한 내공이 쌓이지 않았다는 뜻이다. 그렇다고 자존심 상해할 필요는 없다. 자존심 상한다고 괜히 오기 부리며 책을 붙잡고 있다가는 지레 넌더리가 나서 오히려 독서를 포기하고 영원히 책과 멀어질 수도 있다.

예를 들어 이제 막 책을 읽으려는 사람이 단테의 《신곡》을 집어 들었다면 백퍼센트 독서를 포기하게 될 것이다. 그러니 절대 읽지 마라. 내가 이렇게 말하면 꼭 도전해보는 사람이 있다. 그 사람이 바로 낙타다. 당신도 지금 살짝 그런 생각을 하지 않았나? 도스토옙스키의 《까라마조프 씨네 형제들》 역시 낙타 때는 읽을 수 없는 책이다. 그러니 도전하지 마라. 제발! 너무 도전하고 싶다면 일단 책을 구입하고 읽어보라. 그다음에 얼른 책꽂이에 꽂아두어라. 그리고 말하라. "기다려! 곧 사자가 돼서 읽어줄게." 그저 지금은 때가 아니라고 생각하고 넘어가면 된다.

낙타 단계 때는 권정생의 《몽실 언니》, 헤밍웨이의 《노인과 바다》, 헤르만 헤세의 《데미안》, 파울로 코엘료의 《연금술사》 같은 책을 읽으면 된다. 충분히 읽힌다. 물론 중간중간 졸릴 것이다. 당연하다. 우리 뇌는 책 읽는 걸 싫어한다. 평소에 안 하던 동작이기 때문에 뇌 입장에서는 새로운 공장을 돌려야 하는 것이다. 뇌 역시 일하기 싫어하는 건 마찬가지다. 그래서 낙타가 책을 더 이상 읽지 못하도록 졸리게 만든다. 그러니 낙타 단계 때 졸리는 것은 당연하다고 생각하라. 당신만 졸리는 게 아니다. 이럴 땐 뇌에게 이렇게 명령하라.

"뇌야! 네가 일하기 싫어서 날 졸리게 하는 거 알아. 근데 난 안 졸리거든. 난 책을 읽을 거니까 너도 어서 공장을 돌려."

이렇게 졸음을 참고 졸음을 쫓으며 책을 읽다 보면 뇌가 책에 익숙해진다. 책을 위한 공장이 지어질 때는 졸리지만 그 공장이 다 지어져서 오토매틱으로 돌아가면 더 이상 졸리지 않는다. 졸리지 않는 단계가 되면 사자 단계가 됐다고 생각해도 좋다. 그리고 사자 단계가 되면 '왜 내가 남들이 좋다고 하는 책만 읽고 있지? 나한테 맞는 책을 내 손으로 찾아보자'라는 생각을 하며 서점을 어슬렁거리게 된다. 먹잇감을 찾는 사자처럼. 그리고 베스트셀러, 스테디셀러가 아닌 남들이 가지 않는 곳, 남들이 보지 않는 책에서 자신의 먹잇감을 찾고 싶은 욕구가 생긴다. 그리고 결국 찾아낸다.

남들은 전혀 모르는데 본인에겐 엄청난 영감을 불러일으키는 책을 찾았다면 당신을 사자로 인정한다. 사자들은 이렇게 유명한 책과 스스로 찾은 책을 번갈아 가며 읽는다. 그러다 보니 먹잇감이 엄청 쌓인다. 지금 읽고 있는 책을 빨리 읽고 다음 책을 읽고 싶어 미친다. 그래서 달리고 또 달리다가 오버 페이스over pace하게 되고 지치면서 책과 멀어진다. 괜찮다.

사자 때는 이렇게 한 번씩 책에서 멀어지기도 한다. 괜찮다. 알고만 있으면 된다. 누구나 그렇다. 멀어졌다가 돌아오면 된다. 억지로 읽는다고 읽어지지 않는다. 마라톤 선수가 오버 페이스를 한 다음에 더 뛰고 싶어도 다리가 앞으로 나가지 않는 것과 같다. 그러니 좀 쉬자. 그렇게 쉬다 보면 다시 책이 읽고 싶어질 때가 온다. 그때 돌아오라. 돌아오면 된다. 그리고 서두르지 말고 욕심 부리지 말고 다시 나만의 속도로 읽어가라. 분량에 대한 욕심이 저절로 사라지고 한 문장 한 문장을 씹어 먹고 싶어지는 단계가 올 것이다. 그때가 바로 어린아이 단계다.

책 읽는 고통부터
즐겨보자

홍어를 처음 먹었을 때가 생각난다. 고통이었다. 그런데 이걸 사람들이 엄청 좋아하는 거다. 난 궁금했다. 그래서 꿀꺽 삼키기로 선택했다. 뱉을 수도 있었지만 그 맛이 궁금했다. 그리고 지금 난 홍어를 그 어떤 술안주보다 좋아한다. 고통이라니. 홍어는 행복이고 진리다.

무라카미 하루키의 《내가 달리기를 말할 때 내가 하고 싶은 이야기》에 이런 말이 나온다.

"Pain is inevitable, Suffering is optional(아픔은 피할 수

없지만, 고통은 선택하기에 달렸다).”

_《내가 달리기를 말할 때 내가 하고 싶은 이야기》 중에서

독서도 마찬가지다. 처음 책을 읽으면 고통스럽다. 절로 몸이 배배 꼬이고, 손은 자꾸 핸드폰으로 가려 한다. 책장을 덮으면 고통을 멈출 수 있다. 내가 홍어를 먹었던 순간과 비슷하다. 지금의 고통을 참으면, 그 진가를 맛볼 수 있다.

낙타 단계에는 고통을 견뎌야 한다. 나도 낙타 단계에 있을 때는 책을 펼치기만 하면 졸렸다. 그저 꾹 참고 졸음을 쫓으며 책을 읽었다. 어떤 책을 읽어야 할지 몰랐기 때문에 그냥 유명한 책, 베스트셀러만 읽었다. 홍어를 그냥 삼켜버린 것처럼, 책도 그냥 계속 삼켰다.

그러자 어느 순간 책에서 조금씩 맛이 나기 시작했다. 여전히 고통의 연속이었지만, 중간중간 고통을 잊게 해주는 맛이 느껴졌다. 심지어 이 책은 끝까지 읽은 후에 다시 한번 읽어볼까 하는 생각도 들었다. 마치 홍어를 처음 먹고 다시는 안 먹겠다고 다짐했는데 한 달 정도 지나서 문득 그 맛이 생각난 순간이랄까. 그래서 다시 도전했다. 여전히 고통스러웠지만 ‘무엇 때문에 먹는지 알겠다’라며 먹었다.

사실 독서의 고통은 고통이 아니라 에너지를 내 안에 쌓는 것이다. 진정한 부는 내 안에 쌓는 것이다. 몇백억 짜리 건물, 몇천억의 예금이 있다 해도 전쟁이 나서 다 쓸어버리면 아무 소용 없다. 화폐도 제 가치를 잃는다. 폐허 속에서 내 안에 쌓아둔 부, 즉 그 에너지로 다시 부를 일으켜야 한다. 이런 사람은 세계 어디에서든 맨몸으로 부를 쌓는다. 이런 에너지를 쌓는 과정이 독서의 고통이다.

독서를 통해 내 안에 에너지를 쌓고 또 쌓은 다음 꽉 응축된 에너지를 내 목표를 향해 날리면 된다. 만화 〈드래곤볼〉을 본 적이 있는가? 크리링은 원기옥을 날리기 위해 에너지를 끌어모은다. 주변에서 빨리 쏴버리라고 하지만 크리링은 아직 기운이 충분히 쌓이지 않았다며 계속 모은다. 우리도 언젠가 찾아올 나의 때를 위해 에너지를 모아야 한다. 독서의 고통이 바로 에너지의 원천이다.

조금만 참아라. 조금만 더 이를 악물고 독서의 고통을 선택하라. 낙타 단계를 넘어 사자 단계가 되면 고통은 기쁨으로 바뀌고 어린아이 단계가 되면 희열이 된다. 고통의 에너지를 모으라. 크리링처럼 '아직 아니야 조금만 더!' 하는 마음으로 에너지를 쌓으라.

이 에너지가 충분히 쌓이면 용기가 된다. 용기가 생기면 당신은 사자로 변신할 것이다. 낙타 단계에서 사자 단계로 넘어가기 위해 가장 필요한 것이 용기다. 용기는 그냥 외친다고 생기는 게 아니다. 진정한 용기는 고통이 쌓여 에너지가 되고, 그 에너지가 흘러넘칠 때 비로소 솟아난다. 얼마 남지 않았다. 사자가 된 당신을 상상하며 지금의 고통을 선택하라. 사자가 된 당신은 이제 곧 고통으로부터 자유로워진다.

이 내용을 내 유튜브에 "독서는 홍어다"라는 제목으로 올렸더니 구독자 한 분이 바로 이런 댓글을 남겨주셨다.

자전거를 타고 전국을 누비던 젊은 시절, 언제나 여름을 기다렸다. 그 험하고 위험하고 힘든 일을 왜 하냐고들 이야기한다. 땀도 나지 않고 바로 소금으로 변해버리고 고갯마루에서는 숨이 끊어지듯이 내가 이렇게 힘든 걸 왜 하나 후회도 밀려오지만 또다시 여름을 기다린다. 행복하게! 지금은 아름다운 추억으로 그때의 고통이 기적이구나. 행복의 기적이다.

댓글 올려주신 분 감사합니다. 허락도 없이 제 책에 실었습니다. 많은 독자들이 읽고 힘을 얻을 것이고 도움을 받을 것입니다. 감사합니다.

하루 1분,
뇌속임 독서법

낙타 단계에 있는 사람은 책을 읽을 때 졸린다. 당연하다. 뇌가 책 읽는 것을 싫어해 졸리게 만드는 것이다.

독서를 하면 집중하고 생각을 하게 된다. 집중하고 생각을 하려면 뇌는 공장을 돌려야 한다. 뇌가 공장을 돌리기 싫으니까 집중과 생각을 못 하게 졸리게 만드는 것이다. 책이 아직 낯설어서 그렇다.

나는 책과 친한 사람이라는 것을 뇌가 알게 만들어야 한다. 여기 좋은 방법이 있다. 내가 직접 해보니 아주 효과가 좋다. 바로 인간의 감각을 활용한 '뇌속임 독서법'이다.

나는 어떻게 삶의 해답을 찾는가

보통 우리는 아침에 일어나면 제일 먼저 핸드폰부터 잡는다. 알람을 *끄기* 위함이기도 하고, 몇 시인지 보기 위함이기도 하고, 밤새 어떤 메시지가 와 있는지 확인하기 위함이기도 하다. 그런데 이제부터 그러지 말자. 딱 1분만 참자. 아침에 가장 맑은 영혼으로 제일 먼저 책을 손에 잡자.

일단 아침에 일어나면 핸드폰 대신 책을 손에 잡자. 그다음 손으로 책을 쓰다듬어보자. 표지를 만져보기도 하고, 책을 열어 종이를 쓰다듬어보기도 하는 것(촉각)이다. 그다음 책장을 후루룩 넘기며 종이 넘어가는 소리를 듣고(청각), 책에 코를 가져다 대고 냄새를 맡아보자(후각).

처음에는 그것만 해도 괜찮다. 그러다 책 만지는 게 조금 익숙해지면 이제 책을 아무데나 펼치고 그 페이지에 나오는 구절을 한 줄만 소리 내어 읽어라(시각). 내용은 상관없다. 한 문장이어도 괜찮고, 한 단락이어도 괜찮다. 대신 당신의 뇌가 목소리를 들을 수 있도록 소리 내어 읽는 것(청각)이 중요하다. 이 모든 걸 하는 데 1분이면 충분하다. 이렇게 오감을 통해 책과 친한 것처럼 뇌를 속이면 언젠가 책을 읽어야 하는 순간이 왔을 때 낙타 단계를 졸지 않고 쉽게 넘어갈 수 있다.

단, 1년 동안은 해봐야 한다. 혼자 하기 힘들다면 가족들과 함께하는 것도 좋다. 아이들이 있는 집이라면 아이들과 다 같이 아침마다 시도해보면 더 좋다. 마치 아이랑 게임을 하듯이 매일 아침 해보는 것이다.

이렇게 촉각, 청각, 후각, 시각을 활용해 매일 아침 반복해 책을 읽다 보면 우리의 뇌는 내가 책을 좋아하는 사람이라고 착각하게 된다. 그래서 이전에는 책만 보면 졸리게 세팅되어 있던 뇌가 '아, 이 사람은 책을 좋아하는구나. 그럼 책 볼 때 편안한 모드로 변신해야지'라고 변화하게 된다.

본래 뇌는 안 쓰는 걸 편안하게 생각하고, 편안한 것만 하려고 하는 경향이 있다. 그래서 핸드폰 같은 경우는 하루 종일 봐도 편안하다. 그런데 1년간 '나는 책을 볼 때 편안하고 즐거운 사람이야'라고 뇌를 속이면, 오히려 핸드폰을 오래 보는 것이 불편해진다.

나도 핸드폰을 자주 보지만 오래 보면 눈과 머리가 아프고 가슴이 답답하다. 몇 시간 동안 절대 볼 수 없다. 하지만 책은 매일 몇 시간을 봐도 전혀 힘들지 않다. 내 뇌는 핸드폰보다는 책을 볼 때 편안한 모드가 된 것이다.

처음에는 힘들겠지만 그래도 1년만 해보자. 책이 편한 뇌로 모드가 변하면 당신의 몸값이 이미 올라간 것이다. 어렵지 않다. 매일 아침 1분만 투자하라.

읽다가 잠드는 경험

잠재의식의 활기찬 활동은 일단 한 방향으로 작동하기 시작하면 당신이 잠자고 있는 동안에도 계속됩니다. 따라서 잠들기 전에 잠재의식에게 유익한 일거리를 주는 것이 중요합니다.

_《조셉 머피 잠재의식의 힘》중에서

당신이 자는 동안에도 돈이 벌어진다면 어떨까? 생각만으로 행복하지 않은가. 어쩌면 모두가 꿈꾸는 삶이다. 그런데 난 이보다 더 좋은 게 있다고 생각한다. 바로 자는 동안에 내 잠재의

나는 어떻게 삶의 해답을 찾는가

식이 계속 일하게 만드는 것이다.

방법이 있다. 간단하다. 잠들기 전에 핸드폰이 아닌 책을 읽다가 잠들면 된다. 요즘 대부분의 사람들은 핸드폰을 보다가 잠든다. 공포 영화를 보다 잠들면 무서운 꿈을, 액션 영화를 보다 잠들면 칼싸움을 하고 총격전을 벌이는 꿈을 꿨던 경험이 있을 것이다. 우리 뇌는 자지 않는다. 우리가 자는 동안에도 뇌는 일을 한다. 그러니 이왕이면 유익한 일을 하도록 만드는 것이 좋지 않겠는가.

그래서 난 잠들기 전에 항상 부탁을 한다.

"뇌야, 고마워. 난 너를 믿어. 나의 잠재의식아, 고마워. 내가 자는 동안 사람들에게 힘을 줄 수 있는 글감을 하나 물어 와줘."

밑져야 본전 아닌가! 그런데 밑지는 게 아니다. 놀랍게도 새벽에 눈을 뜸과 동시에 수많은 아이디어가 떠오르고, 좋은 글을 쓸 수 있는 소재들이 번쩍 떠오른다. 그래서 눈을 뜨자마자 부랴부랴 노트북을 열고 글을 쓴 적이 한두 번이 아니다.

우리는 어제 했던 생각의 98퍼센트를 오늘도 한다고 한다. 그리고 대부분의 사람들은 하루 종일 걱정을 하면서 산다. 적지 않은 사람들이 자기 전까지 걱정을 하다가 잔다. 걱정을 하다가 자면 악몽을 꾸고, 꿈을 꾸지 않더라도 아침에 일어났을 때 컨디션이 좋지 않다. 이런 날들이 계속 반복되면 병이 생긴다. 전형적인 악순환이다.

새롭고 강력한 생각을 뇌에 주입해야 한다. 어떻게? 간단하다. 책을 읽으면 된다. 책은 생각의 덩어리다. 특히 고전은 검증된 좋은 생각의 덩어리다. 그러니 자기 전에 책을 읽어라. 낙타 단계에서 하면 더 좋다. 어차피 책을 읽기만 하면 졸리니, 차라리 책을 읽다가 잠들어버리는 것이다. 잠이 든다 해도 이 경험은 유익하다.

이왕이면 고전을 한 페이지 읽고 잠들 것을 추천한다. 수천 년간 농축된 지혜를 당신의 잠재의식에 주입한다고 생각하면 얼마나 멋진가! 당신의 뇌는 서서히 살아날 것이고, 반대로 당신의 경쟁자는 핸드폰을 보다 잠들어 뇌가 서서히 죽어갈 것이다. 이렇게 생각하면 한 페이지 더 읽고 싶지 않은가. 이렇게 매일 고전을 읽다가 잠들면 어느 순간 머리가 맑아지고 작은 일에는 화도 나지 않는다. 그렇게 마음이 넓어지면서 뭘 해도 성공할 것 같은 자신감으로 충만해진다.

우리는 모르기 때문에 두려운 것이다. 내 미래가 어떻

게 펼쳐질지, 실패하지는 않을지, 모르기 때문에 고통스럽다. 하지만 고전을 흡수한 내 잠재의식은 안다. 내가 당연히 잘되고 내가 하는 일이 당연히 성공할 것이라는 사실을! 여유가 생긴다. 남을 도와주고 싶어진다. 남을 도와주니 내가 더 기쁘다. 선순환의 완성이다. 이 모든 게 잠들기 전에 책 한 페이지 읽는 걸로 시작된다. 얼마나 쉬운가! 내가 밤새 책을 읽지 않아도 된다. 한 페이지만 읽고 잠재의식에게 부탁하라.

잠들기 전 책을 읽지 못하는 상황이라면 웃어라. 웃으면서 전에 읽었던 책 내용 중에 좋아하는 글귀를 떠올려라. 나 같은 경우는 "풍랑은 전진하는 사람의 벗이다", "바람이 불지 않는 날에 바람개비를 돌게 하려면 내가 바람개비를 들고 앞으로 달리면 된다" 같은 글귀를 좋아한다. 책이 없는 곳에서는 이런 문장들을 떠올리다가 잠든다. 그러면 일어났을 때 힘이 솟는다. 아무리 어려운 상황이 닥쳐도 헤쳐 나갈 수 있는 자신감으로 충만해진다.

지금 당신 삶이 마음에 들지 않는다면, 고통의 연속이라면 오늘 밤부터 당장 이 방법을 시도해보라. 그리고 당신은 미소 지으며 편하게 잠들라. 잠재의식이 다 알아서 해줄 테니까. 이제부터 삶은 고통이 아니다. 삶은 기쁨과 보람으로 충만하다. 잠들기 전에 고전을 읽고 웃는 얼굴로 잠들어라. 당신의 인생은 고통이 아니라 항상 기쁨일 것이다.

나는 어떻게 삶의 해답을 찾는가

책을 망가뜨리는
연습

처음 책을 읽기 시작했을 때, 난 책에 점 하나 찍지 않았다. 책이 망가지는 게 두려웠다. 책은 늘 서점에서 막 사 온 형태로 깨끗하게 서재에 꽂혀 있어야 했기에 행여 책이 잘못 접힐까 책장도 조심조심 넘겼다. 책이 벌어지는 게 싫어서 책을 감히 쫙 펼치지도 못했다.

그러니 줄을 긋고 메모하는 건 더더욱 상상도 못 했다. 어떻게 책을 더럽힐 수 있는가. 읽은 책과 안 읽은 책이 거의 새 책처럼 같았다.

그런데 어느 정도 책을 읽다 보니 그게 꼭 그럴 일인가라는 의문이 들었다. 내가 읽으면서 떠오르는 생각들을 책 옆에 표시해두면, 나중에 그 책을 다시 꺼내 읽었을 때 해당 부분을 다시 찾아보기 좋았다. 밑줄을 그어둔 문장을 보고는 '아, 그때 내가 이 문장을 보고 이런 생각을 했구나'를 파악하기 쉬웠고, 메모해둔 내용을 보고는 '아, 내가 그때 이런 아이디어를 떠올렸구나'라고 회상할 수 있었다. 그리고 다시 한번 그 문장과 메모들을 들여다보고 사색하게 되었던 것이다. 사색하며 요즘에 맞는 아이디어를 만들 수도 있었던 것이다.

그러자 책에 난리가 나기 시작했다. 줄 긋고 낙서하고 접고 꺾고. 내 경우, 낙타 단계 때는 주로 밑줄만 그었고 사자 단계 때는 맘에 드는 문장을 앞표지 안쪽에 그대로 베껴서 적었으며 어린아이 단계가 된 지금은 베껴 온 책 내용 옆에 내 의견, 내 철학이 담긴 글을 더 많이 적는다.

내가 하고 싶은 말은 낙타 단계에서 어린아이 단계로 가는 과정에서 한번은 책을 엉망으로 만드는 시절을 거쳐야 한다는 것이다. 책을 엉망진창으로 만들고 나서 오히려 기분이 좋아지기 시작한다면 당신은 이제 사자 단계에 접어들었다고 봐도 무방하다.

아예 작정하고 책을 망가뜨려보자. 연필로 밑줄도 그어보고, 형광펜으로 칠도 해보고, 포스트잇도 덕지덕지 붙여보자. 가끔 강연장에서 책에 빼곡하게 포스트잇을 붙여 온 독자들을 만날 때마다 정말 행복하다. 동족을 만난 기분이랄까. 언젠가 그 사람과 반드시 다시 만날 거라는 강한 예감이 든다.

도서관에 가는 걸 좋아하고 권장하는 편이지만 낙타 단계에는 당분간 책은 사서 보자. 되팔 생각도 하지 마라. 중고로 팔아봤자 손에 쥐는 건 절반이다. 그 절반의 돈을 위해 수백, 수천 배 되는 경험을 팔아버리지 말자.

'패'는 있어도
'배'는 없어야 한다

어떤 일이든 처음은 쉽지 않다. 하기 싫고, 지루하고, 자꾸만 딴
걸 하고 싶어진다. 당연하다. 우리 뇌는 편안한 것에 익숙하기
때문이다.

우리는 언제든 질 수 있다. 실패도 할 수 있다. 자꾸 진
다. 그런데 이 말을 꼭 기억해줬으면 좋겠다. "'패'는 해
도 되지만 '배'는 없어야 한다."

패배를 한자로 살펴보자. 패敗 자의 뜻은 '지다'다. 누구나 질
수 있다. 지는 게 당연하다. 져도 괜찮다. 그런데 배北 자의 뜻은
'도망가다'다. 절대 도망가서는 안 된다. 도망가면 영원히 이룰

나는 어떻게 삶의 해답을 찾는가

수 없다.

책에게 질 수 있다. 한 번 졸 수도 있고, 읽다가 포기할 수도 있다. 그런데 제발 도망가지만 마라. 그래, 도망도 갈 수 있다. 하지만 도망갔더라도 하루 이틀 지나서 다시 돌아와 그 책을 다시 들고 읽어라. 그러면 된다.

어떤 일을 할 때도 실패할 수 있다. 새로 출시한 메뉴가 잘 안 팔릴 수도 있고, 야심차게 기획한 기획안이 통과되지 않을 수도 있고, 새로 시작한 일이 잘 안 풀릴 수도 있다. 하지만 안 된다고 도망가면 그 일은 영원히 안 될 수밖에 없다.

우리 모두에게는 돌아올 수 있는 힘이 있다. 내 뇌한테 패배하지 않으면 세상에서도 패배하지 않고, 돈을 버는 일에서도 패배하지 않는다. 우리는 질 수 있다. 하지만 졌더라도 다시 돌아와야 한다. 빨리 돌아올수록 더 빨리 원하는 곳에 도달할 수 있다.

5

오롯이 나에게
집중하는
용기 있는 삶,
사자 단계

사자 단계에 오신 걸 환영합니다

누군가가 얹어준 짐을 지고 주인이 가리키는 곳을 향해 걷는 낙타에 비해 사자는 자유롭다. 스스로 자신의 목적지를 정하고, 스스로 길을 개척해나간다. 그리고 그 길을 걸어가는 데 거리낌이 없다. 두려움이 없기 때문이다. 낙타에 비하면 굉장히 주체적인 삶을 산다.

하지만 사자는 약육강식의 세계를 살기에 늘 경쟁해야 한다. 경쟁에서 승리해야 한다는 압박감 속에서 살아가야 한다는 말이다. 당연히 스트레스가 따른다. 그리고 사자는 오로지 자기만을 생각한다. 내가 먹기 위해 사냥하고 그것을 누군가와 나누지 않는다.

독서의 두 번째 단계는 사자 단계다. 사자 단계의 특징은 이렇다.

이제 남이 좋다고 하는 책을 읽는 건 진부하게 느껴진다. '왜 나는 남이 골라주는 책만 읽지'라는 의문이 들면서 이제 내가 원하는 책을 스스로 찾아봐야겠다는 생각을 하게 된다. 그런 생각으로 서점 구석구석을 사자처럼 어슬렁거리며 돌아보다가 제목과 차례만 훑어보고 '읽고 싶다는 마음이 드는 책'을 드디어 발견한다. 그렇게 골라 온 책을 읽는데, 역시나 그 책에 내 질문에 대한 답이 들어 있다. 이제 내가 원하는 책은 나 스스로 고를 수 있게 되었다.

책을 스스로 고를 수 있고, 책에서 얻는 효용도 알았기에 욕심이 나기 시작한다. 더 많이 읽어야겠다는 생각으로 책을 마구마구 사들이고 닥치는 대로 읽기 시작한다. 자연스럽게 책을 읽는 시간이 늘어난다.

책을 읽는 재미를 느끼게 되며 최근 다 읽은 《삼국지》다시 읽기를 시도한다. 끝까지 읽었으나 기억에 남는 건 관우, 장비, 여포, 조자룡의 싸움 실력뿐이라 다시 한번 읽어봐야겠다는 생각이 든 것이다. 그래서 다시 한번 읽기를 시도한다. 그러자 이

나는 어떻게 삶의 해답을 찾는가

번에는 유비, 조조, 원소 등 군주들이 눈에 들어온다.

《데미안》과《노인과 바다》, 두 작품 중 하나는 끝까지 읽었다. 하지만 어느 작품이 헤르만 헤세의 작품이고 어느 작품이 헤밍웨이의 작품인지 늘 헷갈린다.

사자의 삶은 낙타의 삶보다 주도적이다. 하루 24시간을 내 마음대로 조정해서 사용할 수 있고, 대체로 매일 피곤하다. 하지만 쉬는 날은 더없이 자유롭다. 그리고 휴식 후에는 백퍼센트 충전된다. 돈도 본인은 물론 가족까지 충분히 먹여 살릴 정도로 벌어들인다. 다만 남에게 나누어줄 정도의 여유를 가지지는 못한다.

또 내가 '이렇게 사는 게 맞나?'라는 의심이 들기 시작한다. 혹시 다른 길이 있는 건 아닌지 스스로에게 질문을 던지기 시작한다. 남이 집을 사든, 차를 사든 별로 관심이 없다. 오로지 자신에게만 집중한다.

사자 단계는 그 어떤 단계보다도 중요하다. 삶을 살아가거나 책을 읽는 데 자신감이 충만해서 다음 단계로 나아가는 대신 이 단계에 머무르게 되어버릴 확률이 크기 때문이다. 나도 사자 단계에 있을 땐 모든 것을 다 이룬 것 같은 느낌이 들었다. 별로 아쉬울 것이 없었기 때문이다. 그런데 어린아이 단계를 경험하게 되자 사자 단계에만 머무른다는 것이 얼마나 안타까운 일인지 알게 되었다.

사자 단계에서 가장 주의해야 할 것은 자만심이다. 서두르지 말자. 즐기며 가자. 즐기는 사람을 이길 방법은 없다.

남들도 다 그래?
난 안 그래!

사자 단계가 되면 '남들도 다 그래? 난 안 그래!'의 세상 속으로 들어가게 된다. 무슨 이야기인지 단번에 와 닿지 않는가? 그럼 예를 들어보겠다.

이 글을 쓰는 2023년 4월은 최악의 불경기다. 만나는 사람마다 장사가 안 된다고 하고, 적게는 20퍼센트에서 많게는 절반까지 매출이 떨어졌다고 하소연한다. 그러면서 장사가 안 되는 이유를 "경기가 안 좋아서 그래", "남들도 다 그래"라며 자기합리화를 한다. 그게 끝이다. 스스로 뭔가 돌파구를 찾으려 하지 않는다. 그저 '경기가 좋아지면 당연히 좋아지겠지, 남들도 그

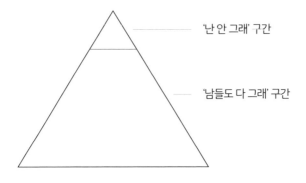

'난 안 그래' 구간

'남들도 다 그래' 구간

러니까'라고 생각하며 아무것도 하지 않는다. 하지만 이런 때에 사자들은 당당하게 자신에게 외친다.

"난 안 그래!"

'남들도 다 그래'에 속한 사람들은 자본주의 삼각형의 아랫부분을 차지한다. 대부분의 사람들이 그렇다. 이쪽에 위치한 사람들은 스스로 뭔가를 하려 하지 않는다. 모든 문제를 외부 탓으로 돌리며 그 자리에 머무른다. 책을 읽고 사자가 된 사람들은 "난 안 그래!"라고 외치며 점점 위로 올라가 결국 소수들만 차지하는 삼각형의 맨 위쪽에 자리한다. 자본주의는 늘 이런 구조로 이뤄져 있었다. 이 개념을 반드시

나는 어떻게 삶의 해답을 찾는가

이해하고 우리는 반드시 삼각형의 위로 올라가야 한다.

사자 단계가 되면 남들의 눈치를 보지 않게 된다. 용기가 생긴다. 지혜가 생긴다. 자본주의의 삼각형을 이해한다. 그래서 문제가 생겼을 때 외부 탓만 하는 게 아니라 스스로 답을 찾기 위해 나선다. 아무리 불경기여도 사람들이 음식은 먹을 테니까, 아무리 불경기여도 되는 음식점에는 손님들이 줄을 서니까, 지금 내가 할 수 있는 게 뭐가 더 있을까 질문을 던지고, 답을 찾으려 노력하게 된다.

어떤 문제에 봉착했을 때, '난 안 그래!'라는 생각이 든다면 당신은 더 이상 끌려다니는 낙타가 아니라 스스로 영역을 개척하고 먹이를 사냥하는 사자가 된 것이다.

조급함과 자만심을
경계하라

'소외 효과'라는 말이 있다. 연극 등에서 사용하는 말로, 관객을 연극으로부터 멀어지게 하여 관객이 지금 보고 있는 것은 실제가 아닌 '연기'라고 명백하게 말해주는 기법을 뜻한다. 독일의 극작가 베르톨트 브레히트가 이런 '낯설게 하기 효과'를 사용했는데, 그는 일부러 친숙했던 소재들을 생소하게 보이게 만듦으로써 관객들을 소외시켰다. 한마디로 극에 완전히 빠져들게 하지 않았다는 말이다. 왜? 관객에게 생각할 여유를 주기 위해서다.

나는 어떻게 삶의 해답을 찾는가

"얼마나 재밌는지 영화에 푹 빠져서 봤어요."

우리가 재미있는 영화를 봤을 때 하는 말이다. 이 말은 바꿔 말해 영화를 보는 내내 뇌가 다른 생각을 하지 않았다는 뜻이다. 너무 빠져들어서 생각할 틈이 없는 것이다.

그런데 책은 아무리 재미있고 몰입감이 강해도 독자에게 생각할 수밖에 없게 만드는 장점이 있다. 아무리 재밌고 아무리 몰입시켜도 속도가 느리다. 왜? 생각하기 위해 읽는 것이기 때문에. 그러니 생각을 방해할 정도로 책을 빠르게 읽으면 독서하는 효과가 없다.

어느 정도 책을 읽고 나면 마음이 조급해지기 시작한다. 조금만 더 읽으면 1000권 목표를 달성할 수 있을 것 같고, 조금만 더 읽으면 어디 가서 책 좀 읽는 사람 티를 낼 수 있을 것 같다. 사자와 같은 왕성한 용기와 열정으로 책을 마구 먹어치운다.

여기까진 좋다. 그런데 문제는 진득하게 참지 못하고 조급해진다는 것이다. 더 빨리 읽고 싶고 더 많이 읽고 싶다. 당연한 욕구다. 하지만 진짜 사자처럼 책을 읽어야 한다. 사자는 배가 부르면 더 이상 먹지 않는다. 책을 더 읽지 말라는 얘기가 아니다. 너무 많은 걸 기대하지 말고 일단 멈추어 소화할 시간을 갖

자는 얘기다.

책을 읽은 뒤에는 생각을 정리해서 내 것으로 만드는 시간이 필요하다. 내공을 쌓는 것이다. 이런 과정들이 쌓여 거인을 만든다. 세상을 지배하고 자신을 지배하는 사람들은 생각의 거인들이다.

읽은 책이 모두 내 안에 지혜로 쌓일 시간이 필요하다. 어느 시기든 딱 내 그릇만큼만 쌓인다. 그러니 너무 많이 담으려 하지 마라. 독서는 욕심을 부리지 않는 게 무엇보다 중요하다. 자신의 느린 성장을 음미하며 스스로 만족하라. 용기가 욕심으로 바뀌면 지친다. 용기와 욕심을 구분할 수 있어야 진정한 사자다. 용기는 당장 눈앞에 효과가 나타나지 않아도 믿고 계속 나가는 꾸준함이다.

지금 이 시기에 경계해야 할 것은 조급함이다. 억지로라도 책을 읽다가 중간중간 책을 덮고 하늘을 봐야 한다. 저절로 그렇게 되는 책이 있다. 예를 들면 난 장 그르니에의 《섬》이 그랬다. 한 페이지를 읽고 다음 페이지로 넘어갈 수가 없었다. 저절로 하늘을 보게 되었다. 지금 읽은 페이지에 대한 생각을 정리하지 않으면 다음 페이지를 읽을 수가 없었다.

나는 어떻게 삶의 해답을 찾는가

느리게 가야 빨리 도달한다. 독서가 그런 것이다. 느리지만 가장 빠르다. 내가 아는 어떤 성공 방법도 독서보다 빠르지 않다. 사자들이여! 지금 배고픈 만큼 책을 먹어치우되 느림의 법칙을 반드시 이해하고 조급해하지 마라. 모두가 조급함에 종종 걸음을 치더라도 당신은 그러지 마라.

서두르면 지치고 지치면 포기한다.

10쪽 독서법의
시작

"유명한 책들은 다 읽어버리겠어!"

사자는 욕심이 많다. 당연히 책에 대한 욕심도 많다. 사람들
이 말하는 유명한 책은 몽땅 읽어버리고 싶다. 그래서 일단 그
책들을 다 모아다 쌓아둔다. 거기에는 내가 직접 고른 책들도
많다. 책을 고르는 재미가 있다 보니 그렇게 고른 책들의 권수
도 만만치 않다. 서재는 물론이고 책상 위에도 읽어야 할 책들
이 산더미처럼 쌓이게 된다.

문제는 여기서 시작된다. 책을 읽다가 옆에 쌓여 있는 책들

나는 어떻게 삶의 해답을 찾는가

을 보게 되면 '저 책들은 언제 다 읽지'라는 생각이 든다. 마음이 급해지니 읽고 있는 책은 대충 막 넘기게 되고, 머릿속에 제대로 들어오지도 않는다. 이도저도 안 되는 것이다. 이때 필요한 독서의 방법이 있다. 바로 10쪽 독서법이다.

간단하게 설명하면, 한 권의 책을 매일 딱 10쪽씩만 읽는 것이다. 더 읽어도 안 되고, 덜 읽어도 안 된다. 무조건 딱 10쪽씩만 읽어야 한다. 그런데 한 권의 책만 그렇게 읽는 것이 아니다. 자신의 독서력에 맞게 5권에서 10권까지 권수를 정해 그 모든 책의 딱 10쪽씩만 읽는 것이다. 권수도 정해져 있는 건 아니다. 나는 30권까지 시도한 적도 있다. 처음 시작할 때는 5권이었고, 그다음 10권, 20권으로 차츰 권수를 늘려갔다.

일단, 처음 시도해본다면 시작은 무조건 5권으로 하자. 욕심 내지 말자. 나중에 권수는 추가하면 된다. 그러니 무조건 5권으로 시작하자.

그렇게 5권을 골라 책을 쌓아두자. 5권을 고를 땐 가급적 분야를 섞자. 소설만 5권은 안 된다. 인문서만 5권도 좋지 않다. 분야를 다양하게 섞어야 지치지 않고 읽을 수 있다.

그렇게 5권을 골랐다면 이제 한 권씩 꺼내어서 딱 10쪽만 읽고 다음 책으로 넘어간다. 여기서 10쪽은 절대적인 숫자인 10쪽이다. 차례 페이지도 한 쪽으로 인정, 그림이 있어도 한 쪽으로 인정한다. 그러니 첫날은 거의 읽을 것도 없을 것이다.

그러면 여기서 사람들이 질문한다. "그렇게 읽으면 헷갈리지 않나요?"

절대 아니다. 오히려 복습의 효과가 있어서 더 명쾌해진다. 어떻게 그것이 가능하냐고? 예를 들어보겠다.

1번에서 5번까지 책이 있다고 해보자. 1번 책을 10쪽 읽고, 2번 책으로 넘어가 책을 펼치면 1번 책과는 내용이 다르기 때문에 우리 뇌는 저절로 생각을 하게 된다. '앞의 책은 원래 어떤 내용이었지?' 내가 하지 않으려고 해도 저절로 뇌가 그렇게 한다. 그러니 자동으로 복습 효과를 낳게 되고, 한 권만 읽는 것보다 훨씬 더 강하게 내 것으로 만들기가 좋다.

하루 10쪽씩 5권만 읽어도 하루 50쪽이고, 한 달이면 1500쪽이다. 한 권이 300쪽이라고 하면 5권에 달하는 분량이다. 10권씩 이렇게 읽으면 3000쪽이다. 이렇게 따지면 그저 하루 10쪽이지만 상당한 독서량이라 느껴지지 않는가.

나는 어떻게 삶의 해답을 찾는가

한 달에 하루,
10시간 책 읽기

책 읽기의 목표는 지혜다. 과거에는 정보가 한정되어 있다 보니 독서의 목표가 지식이었다. 하지만 이제 지식은 어디서든 쉽게 쌓을 수 있다. 독서의 목표 중 10퍼센트가 지식을 얻는 것이라면, 90퍼센트는 지혜를 얻는 것이다.

낙타 단계일 때는 지혜가 없지만, 사자 단계로 접어들면 지혜가 생긴다. 그래서 낙타처럼 끌려다니지 않고 내가 할 수 있는 것들을 자유롭게 하며 자신이 원하는 삶을 살아갈 수 있는 것이다. 사자 단계를 뛰어넘어 어린아이 단계로 가면 사자 단계에서 쌓은 지혜가 깨달음이 되는 순간이 있는데, 이는 뒤에서 다시 설명하겠다.

지혜를 쌓으려면 어떻게 책을 읽으면 될까. 한 달에 하루, 10시간씩 책 읽기를 해보자. 하루에 10시간이란 말은 숫자 그대로 '10시간'을 읽어야 한다는 의미가 아니라 그만큼 하루를 독서에만 몰입해보라는 이야기다. 아침에 눈을 뜨고는 아침, 점심, 저녁 먹는 시간과 화장실 가는 시간을 빼고 책만 읽어보라는 말이다.

'그게 뭐가 어렵다고'라고 생각하겠지만 막상 실천해보면 의외로 쉽지 않다. 일단 몸이 불편하다. 앉아 있으면 허리가 아파 눕고 싶고, 누우면 잠이 솔솔 쏟아진다. 안 되겠다 싶어 일어나면 다리가 아파 다시 앉고 싶다. 책을 읽는 것도 그렇다. 어떤 책은 술술 잘 읽히는데, 어떤 책은 죽어라 진도가 나가지 않는다. 안 되겠다 싶어서 포기하고 계속 다른 책을 번갈아 읽다 보면 내가 지금 무엇을 읽고 있는지 헷갈리는 순간도 찾아온다.

하지만 이렇게 10시간을 버티고 나면 몸이 그것을 저절로 기억한다. 고통스럽지만 무언가 최선을 다해 해낸 경험이 남는 것이다. 그래서 하루 10시간 독서를 하고 평상시로 돌아오면 책을 한 시간 정도 읽는 건 아주 가뿐하게 느껴진다. 그렇게 나의 한계치를 조금씩 넓혀가고, 나의 책 그릇을 조금씩 키워나가는 것이다. 에베레스트산에 올라본 사람은 한라산을 쉽게 오르는 것이다. 한 달에 딱 하루만 에베레스트산에 오르자.

주말에 하루 마음먹고 해보자. 하기 싫은 운동이지만 고통을 참고 땀을 뚝뚝 흘리며 운동하고 나면 굉장한 개운함과 뿌듯함을 느끼듯, 하루 10시간 독서도 마음먹기는 힘들지만 막상 해보고 나면 그 뿌듯함과 맑아지는 머리에 또다시 도전하고 싶은 마음이 생길 것이다.

산은 더 이상 자랄 수 없지만 인간은 계속 자란다. 그래서 아무리 높은 산도 인간에게 정복당하는 것이다. 우리는 독서를 통해 자란다.

노트 말고,
마음에 정리하라

책을 읽다 보면 지금 내가 이걸 제대로 이해하고 있는지 불안감이 들 때가 있다. 페이지를 넘기고 다음 장으로 넘어가면 이전에 와 닿던 기억 속의 문장들이 떠오르지 않아서 불안해진다. 그러다 보면 현재 읽고 있는 페이지에 몰입하지 못하는 나 자신을 발견하게 된다.

다양한 분야의 여러 책을 읽기 때문에 그 불안감은 더욱 커진다. 내용이 섞여버리는 건 아닌지, 읽은 뒤에 남는 게 하나도 없는 건 아닌지, 책을 읽으면서 노트에 정리를 하고 완전히 내 머릿속에 넣어두는 게 좋을지 고민이 된다.

그런데 그렇게 불안해할 필요가 없다. 기억이 안 나는 건 당연하다. 그러니 기억하려고 노력하지 마라. 책을 읽고 있는 바로 그 순간에 몰입하고 마음에 정리한 다음 넘어가면 된다.

마음에 정리된 책의 내용은 내가 필요한 순간에 불쑥 튀어나와 삶의 해답을 찾아주고 아이디어를 던져줄 것이다.

좋은 책이란 특정 정보를 주는 것이 아니라, 생각을 많이 하게 해주는 책이다. 읽다가 좋은 문장은 두 번 세 번 읽으면서 생각하면 된다.

노트에 정리하지 말고 머리에 정리하라. 1분 후에 까먹어도 상관없다. 독서는 지식을 쌓는 게 아니라 생각의 질을 높이기 위한 것이니 말이다. 내용을 까먹어도 생각을 통해 사유의 높이가 높아졌기 때문에 좋은 것이다.

독서 모임에
나가는 이유

얼마 전 개그맨 김영철의 라디오 프로그램 〈김영철의 파워FM〉에 출연했다. 광고가 나가는 사이 영철이와 책에 관해 이야기를 나눴다.

"형, 난 내 인생에서 제일 감명받은 책이 딱 세 권 있어.《월든》이랑《금각사》랑⋯⋯."

"우와,《월든》,《금각사》! 나머지 한 권은 뭐야?"

영철이는 눈을 반짝이며 넌지시 묻는다.

"형, 혹시《스토너》라고 알아?"

나는 어떻게 삶의 해답을 찾는가

"존 윌리엄스,《스토너》?"

내가 대답하는 순간 우리 두 사람의 눈에서 불꽃이 튀었고 우리는 동시에 이렇게 외쳤다.

"넌 무엇을 기대했나?"(이 문장을 난 한국말로, 김영철은 영어로 외쳤다.)

이 한마디에 영철이와 난 수년간 만나지 못한 어색함이 한순간에 사라지고, 라디오 중간중간 음악이 나가는 동안 '넌 무엇을 기대했나'에 대해 눈물을 글썽이며 대화를 나눴다. 죽을 때까지 함께한다는 동지가 되는 순간이었다.

우리가 동시에 책의 한 문장을 외친 이 순간의 짜릿함은 수백억 원을 준다 해도 경험할 수 없을 것이다. 책 읽는 사람들만이 느낄 수 있는 특권이고, 인간이 느낄 수 있는 가장 고급 쾌락이다.

우리는 너무 많은 걸 기대하며 산다. 그 '기대'는 사실 내가 만든 것이 아니다. 그런데도 우리는 누군가 만들어놓은 그 기대를 가져와 내 것인 양 이뤄지길 바라며 산다. 하지만 인생에는 뭐 그리 특별한 일이 일어나지 않는다. 모두가 영화의 주인공이 될 수 없다.

사실은 특별한 일이 일어나야 의미 있는 삶도 아니고, 영화의 주인공이 꼭 행복한 것도 아니다. 그런데도 자본주의는 뭔가 대단한 삶을 살라고 우리를 부추긴다. 뭔가 대단한 돈을 벌고, 뭔가 대단한 업적을 남기고, 뭔가 대단한 일을 하라고. 하지만 아니다. 모두에게는 자기만의 삶이 있다. 조용하지만 묵묵히 흐르는 강물 같은 삶이 더 좋은 사람이 있다. 《스토너》가 그렇다.

책을 어느 정도 읽기 시작한 사자 단계에는 독서 모임에 나가보기를 권한다. 영철이와 내가 느낀 그 쾌락의 경험도 할 수 있고, 그 경험은 더 넓은 경험을 위한 밑바탕이 되어주기도 한다. 내가 얻은 깨달음을 나누고, 토론하고, 다시 생각하는 기회를 가질 수 있다.

혹자는 "왜 내가 힘들게 읽어서 얻는 아이디어를 다른 사람과 나누느냐"고 할 수 있다. 하지만 절대 그렇지 않다. 내가 성장하기 위해서는 나눔이 답이다. 나누어지면 더 많이 채워진다. 그래서 존 러스킨이 《참깨와 백합 그리고 독서에 관하여》에서 교육의 목적은 '관대해지는 것'이라고 말한 것이다.

혼자 고립되어 읽으면 섣부른 해석으로 잘못된 길을 갈 수도 있고 아집과 교만이 자라날 수도 있다. 그러니 홀로 떨어지려 하지 마라. 그래서 어린아이들이 혼자 있는 걸 싫어하고 무서워하는 것이다. 자꾸 핸드폰 속으로 들어가지 말고 사람 속으로 들어오라.

아침에는
시 한 편을 읽어라

독일의 문학 비평가이자 사상가인 게오르크 루카치의《영혼과
형식》을 번역한 번역가 홍성광은 '옮긴이의 말'을 통해 이 책에
대해 이렇게 말했다.

이 책에는 낭만주의의 삶의 예술은 행동으로 옮겨진 시라
고 본 노발리스의 삶의 철학이 드러나 있다.

_《영혼과 형식》 중에서

이 문장에서 난 "행동으로 옮겨진 시"라는 대목에 감동받는

다. 매일 아침 정해진 시간에 일어나, 같은 길을 걸어 출근하고, 비슷비슷한 밥을 먹으며, 다시 집으로 돌아와 잠드는 일상. 난 일상은 그저 무미건조한 것이라고만 여겼는데 우리의 일상이 시처럼 느껴질 수 있다니. 마치 시처럼 놀랍고 감동적인 일들이 일상에서 벌어진다면 매일매일이 얼마나 행복할까.

나는 사람들에게 매일 아침 시 한 편을 읽으라고 권한다. 일상이 한 편의 시로 다가와 매일 아침을 즐겁게 시작할 수 있어서이기도 하지만, 그보다 더 큰 이유는 시 한 편이 생각으로 시작하는 하루를 열어주기 때문이다. 사실 아침은 바쁘고 정신이 없다. 씻기 바쁘고, 옷 입기 바쁘고, 출근 시간에 맞춰 뛰어나가기 바쁘다. 이런 시간에 "책 한 줄 읽고 나가세요"라는 말은 사치처럼 느껴질 것이다.

그런데 시는 다르다. 일단 짧다. 눈으로 쓱 훑어내려 가는 것으로 끝인 시도 많다. 바쁜 아침 시간에도 충분히 한 편 읽을 만하다.

이렇게 아침에 읽은 시는 하루 종일 뇌가 생각할 연료가 되어준다. 가령, 난 오늘 아침에 문태준 시인의 〈맨발〉이라는 시를 읽었다. 어물전 개조개 한 마리가 내민 맨발을 보며 느낀 내용을 담은 시다.

"저 속도로 시간도 길도 흘러왔을 것이다"라는 문장과 "늘 맨발이었을 것이다"라는 문장이 머릿속에 남았다. 하루 종일 '맨발'과 '속도'에 대해 생각한다. 성과가 나오지 않아 생겼던 조바심이 '그래 난 원래 맨발이었어'라는 해답이 되어 나를 위로하고, 새로운 도전에 대한 불안감과 두려움이 '그래 모든 사람이 맨발과 맨주먹으로 시작했어. 지금 맨발이지만 괜찮아. 올라갈 일만 남았으니까'라는 문장이 되어 나를 응원한다.

시는 압축의 힘이 최고점에 있기에, 단어 하나만 건져도 우리에게 엄청난 생각거리를 던져준다. 아침에 시 한 편을 읽어봐라. 그날 하루가 달라짐을 느낄 수 있다. 다 읽기 힘들면 시의 한 구절만이라도 읽고 나가라. 그리고 하루 종일 그 구절을 되뇌어라. 당신 눈에 띈 한 구절이라면 분명 이유가 있고, 그 안에 해답이 있다.

나만의 큰 문장을
가져라

끌려다니는 삶에서 어느 정도 벗어났다면, 이제 생각의 그릇을 키워나가야 한다. 여기에도 방법이 있다. 생각의 크기를 키우는 가장 좋은 방법은 '나만의 큰 문장을 갖는 것'이다.

큰 문장이란 어떤 것인가. 내가 강연 때마다 외치는 질문들, "나는 누구인가", "나는 얼마짜리 인간인가"와 같은 것이다. 이 문장에는 정답이 없고, 어쩌면 평생 정답을 알 수 없을지도 모른다. 당장에 닥친 문제는 아니지만, 삶에서 가장 중요하게 여겨야 하는 질문들이다.

내가 교통사고로 죽을 고비를 넘기고 깨어났을 때, 내 인생의 터닝포인트가 되었던 질문은 "명환아, 끌려다니지 않고 살려면 어떻게 해야 할까"였다. 몇 년간 붙잡고 계속 그 의미를 파악해야 하는 문장도 있다. 노자의 "지자불언언자부지知者不言言者不知", '아는 자는 말하지 않고 말한 자는 알지 못한다'다.

책이 없을 때 언제든 생각에 빠져들 수 있는 재료가 되는 문장을 몇 개 가지고 있어라.

책을 읽다가 이런 문장을 만나면, 그 문장들을 머릿속에 넣어둬라. 어딘가에 써두거나 해서는 안 된다. 반드시 머릿속에 넣어두어야 한다. 그래서 책이 없을 때, 혼자 시간을 보내게 될 때, 특히 잠잘 때나 화장실에 있을 때 이 문장들을 꺼내어 생각에 빠져들 수 있어야 한다.

이런 큰 문장들은 언제든 생각에 빠져들 수 있게 하는 재료가 된다. 이 문장들을 곱씹다 보면 생각의 그릇이 커지고, 생각의 질이 높아지고, 생각의 내공이 단단해진다.

지금 당장 이런 큰 문장이 떠오른다면 좋겠지만, 그게 어렵다면 오늘부터 읽는 책 속에서 한 문장을 찾아서 하루종일 품고 다녀보자. 가령 난 오늘 아침 이 문장을 선택해 품었다.

넌 무엇을 기대했나? 그는 다시 생각했다.

나는 어떻게 삶의 해답을 찾는가

기쁨 같은 것이 몰려왔다.

_《스토너》 중에서

난 무엇을 기대하고 있는가? 과연 그 기대대로 될 것인가? 그리고 그 기대가 현실이 됐을 때 진정 행복할까? 인간은 그저 기대 속에서 사는 것인가?

이 책에서 스토너에겐 아무 일도 일어나지 않았다. 하지만 그에게는 기쁨이 몰려왔다. 이 대목을 읽은 후에 난 뭘 기대했나에 대한 생각이 꼬리에 꼬리를 물고 이어졌다.

대단한 인생을 기대했는가? 고명환 너는 어떤 삶을 원하는가? 아무 일도 일어나지 않아도 기뻐할 수 있는가? 갑자기 에밀 아자르의 소설 《자기 앞의 생》에 나오는 하밀 할아버지가 떠올랐다. 하밀 할아버지는 항상 빅토르 위고의 《레 미제라블》을 손에 쥐고 있다. 나중에 시력을 잃은 후에도 항상 들고 있다. 그냥 손에 쥐고만 있어도 행복한 것이다.

생각이 거기까지 미치자 나 역시 책만 있으면 아무 일도 일어나지 않아도 행복할 거라는 생각이 든다. 아니 차라리 아무 일도 일어나지 않고 조용히 책만 읽는 시간들이 많았으면 좋겠다는 생각을 한다. 화려한 성공과 유명인의 삶, 많은 돈과 명예도 좋지만 그저 책 한 권 손에 들고 커피가 있는 작은 탁자에 앉아 지나가는 사람들을 보다가 책도 보다가 하는 아무런 일도 일어나지 않는 하루도 꽤 괜찮다는 생각을 한다. 꼭 무슨 일이 일어나야 하는 건 아니잖아! 아무 일도 일어나지 않아도 내가 존재하는 그 시간, 그 순간 자체만으로 행복하다.

이런 생각을 하다 결국 허먼 멜빌의 《필경사 바틀비》의 유명한 말로 하루의 생각을 마무리한다.

안 하는 편을 선택하겠습니다 (I would prefer not to).

_《**필경사 바틀비**》 중에서

고명환, 오늘 하루 좀 멋있었다.

6

나만의 철학으로 세상을 움직인다, 어린아이 단계

어린아이 단계에 오신 걸 환영합니다

우리가 어린아이였을 때를 떠올려보자. 놀이터 하나만 있으면 너무나 즐겁게 놀지 않았던가. 아니 친구 한 명만 있으면 해가 질 때까지 놀았다. 심지어 친구가 없어도 모래만 있으면 시간 가는 줄 모르고 놀았다. 사탕 하나가 생기면 친구와 나눠 먹었고, 혼자 노는 친구가 있으면 함께 놀자고 먼저 손을 내밀었다.

독서의 마지막 단계는 어린아이 단계다. 어린아이 단계의 특징은 앞서 말한 어린아이의 특징과 같다고 생각하면 된다. 가장 창의적이고 이타적이고 물질적인 것을 초월한 단계. 우리가 책을 읽는 궁극적인 목표는 이런 어린아이가 되기 위함이다.

어린아이 단계의 특징은 이렇다. 몸은 피곤한데 책을 읽으면 잠이 깬다. 깨달음의 희열 때문이다. 뇌가 각성하는 것이다. 기분 좋은 시원함이 머릿속에서 온몸으로 퍼져나간다.

책을 읽지만 분량에 집착하지 않는다. 심지어 행간의 숨겨진 의미를 이해하기 위해 책을 읽다 멈춘다. 하루 종일 그 의미를 생각하느라 어떤 날은 한 줄밖에 읽지 못한다. 그렇게 깨달은 생각은 자신만의 철학이 된다.

또 책을 읽지만 남을 위해서 책을 읽는다. 책을 읽고 만든 내 철학으로 남들을 움직인다는 뜻이다. 가령 내 철학으로 제품을 만들었다고 생각해보자. 내 제품이 팔린다는 건 내 철학으로 사람의 마음을 움직였다는 것이다. 내 제품, 내 음식에 내 철학을 담아서 사람의 마음을 움직일 수 있다면, 이제 내가 마음먹은 만큼 돈을 벌 수 있다.

《삼국지》를 세 번째 다시 읽는다. 이제는 낙타 단계 때 보였던 장수도, 사자 단계 때 보였던 군주들도 눈에 들어오지 않는다. 오로지 제갈공명, 방통, 순욱, 곽가 같은 지략가들에게 매력을 느끼고, 그들의 내공을 내 것으로 만들어 내 사업에 적용하고 싶어질 뿐이다.

《데미안》과 《노인과 바다》를 세 번 이상 읽었고, 이 책의 작

나는 어떻게 삶의 해답을 찾는가

가가 누구인지 절대로 헷갈리지 않는다(《데미안》은 헤르만 헤세, 《노인과 바다》는 어니스트 헤밍웨이다). 이 책을 통해 자신의 인생이 변화된 것을 느끼며 정확히 어떻게 변했는지도 체감한다.

어린아이는 하루를 주도적으로 사는 것을 넘어 48시간처럼 쓴다. 종종 주변 사람들이 내게 "가게를 운영하면서 언제 새 가게를 오픈하고 책까지 썼느냐"고 묻는다. 그런데 사실 난 시간에 쫓긴 적이 없다. 시간이 그냥 만들어졌다. 어린아이 단계가 되면 시간을 압축하는 힘이 생긴다.

어린아이는 이미 자신이 태어난 이유, 자기 삶의 방향을 알기 때문에 묵묵히 자기 길을 간다. 목표가 있지만 목표를 달성하기 위해 아등바등하기보다는 하루하루를 즐기며 살아간다. 일하는 하루하루가 진심 즐겁다. 매일매일이 대체로 행복하고, 피곤하지 않다. 일도 놀이도 즐겁기 때문이다. 진심으로 즐거우면 피곤하지 않다. 난 메밀국수를 만들어도 즐겁고, 돼지갈비를 구워도 즐겁고, 책을 읽어도 즐겁고, 글을 써도 즐겁고, 낚시를 해도 즐겁고, 아내랑 맥주를 마셔도 즐겁다. 즐기면 지치지 않는다.

마지막으로 가장 중요한 건, 이 단계에 이르면 결국 남을 위해 살게 된다는 것이다. 어린아이는 다른 사람의 행복과 고통에 진심이다. 사촌이 땅을 사면 배 아파하는 것이 아니라 진심으로 축하해주고, 사촌이 실패하면 진심으로 마음 아파하며 도와준다. 이렇게 하는 게 내가 행복해지는 비결이라는 것을 알기 때문이다.

결국 어린아이 단계에 이른 사람들은 남을 위해 살면 매일매일 즐거울 수 있다는 사실을 깨달은 이들이다. 그리고 그렇게 산다. 돈? 남을 위해 살 때 돈은 저절로 들어온다. 이 원리를 알아내는 사람은 어린아이 단계에 있는 것이다.

누구나 여기에 도달할 수 있다. 우리 모두는 충분히 어린아이 단계가 될 수 있다.

나는 어떻게 삶의 해답을 찾는가

사자와
어린아이의 차이점

낙타 단계와 사자 단계의 경계는 꽤 명쾌하지만 사자 단계와 어린아이 단계의 경계는 좀 어렵다. 이를 명쾌하게 설명하기 위해서 도스토옙스키의 《까라마조프 씨네 형제들》을 예로 들어보겠다.

사람들은 재산을 몰래 모으면서 이제 자신은 너무나 강하며 너무나 안전하다고 생각하지만, 그런 자신이 재산을 모을수록 점점 더 자살 행위 같은 무기력에 빠져드는 바보라는 사실을 모르고 있습니다. 왜냐면 자기 하나에 대한 기대감만을 지닌 채 전체로부터 자신을 하나의 개체로 떼어놓고서는 인간의 도움, 인간 자체, 인간성 등을 믿지 않도록 자신의 영혼을 훈련시켜서 자기 돈이, 그리고 돈으로 얻은 자신의 권리가 사라지지나 않을까 두려워할 뿐이기 때문입니다.

_《까라마조프 씨네 형제들》 중에서

이 문장을 읽고 뭔지 모르겠지만 줄을 긋고 싶어지는가? 그렇다면 당신은 이미 사자 단계 이상이다. 줄을 긋고, 생각하고, 이 문장을 통해 자기만의 철학을 만들 수 있으면 당신은 어린아이 단계다.

난 이 문장을 읽고 일단 깊이 생각하기 시작했다. 생각하다 다시 읽고, 생각하다 다시 읽고, 깨달음을 얻을 때까지 다음 페이지로 넘어가지 않았다. 이 문장이 지금 내게 필요한 깨달음을 줄 거라는 확신이 있었다. 또 읽고 또 생각하다가 마침내 깨달았다.

아, 부자들이 무기력에 빠지는 이유를 알겠다. 모든 부자들이 그런 건 아니지만 상당수의 부자들이 목표를 이룬 후에 무기력과 공허함을 호소한다. 왜 그럴까? 우리는 목표를 이룬 후

즐기라고 배웠다. 많은 부자들이 목표를 이룬 후 충분한 돈으로 인생을 즐겼을 것이다. 하지만 아무리 즐겨도 채워지지 않는 목마름이 있다. 왜 그럴까? 그건 바로 성장과 나눔이 없기 때문이다.

인간은 혼자 즐기고 혼자 행복할 수 없다. 그건 잠깐의 행복이다. 도스토옙스키가 말한 것처럼 "전체로부터 자신을 하나의 개체로 떼어놓고서는" 절대 행복할 수 없는 것이다. 우리는 전체를 위해서 나아간다. 전체를 위해서 계속 성장하고 성장을 통해 얻은 것을 계속 나눠야 한다. 이것이 인간이 존재하는 이유다. 고로 우리는 성장과 나눔을 통해 진정한 행복을 누릴 수 있다.

우리가 부자가 되고 싶은 이유는 마음껏 성장하고 마음껏 나눠주는 능력을 가지고 싶어서지, 마음껏 먹고 놀고 즐기기 위함이 아니다. 그래 맞아, 그러고 보니 나 역시 성장하고 나눠줄 때 가장 행복했구나. 그래 성장과 나눔이 답이다.

이 정도까지 생각이 확장되면 어린아이 단계라 할 수 있다. 물론 내 깨달음이 절대적인 답은 아니다. 당신이 생각한 답에는 성장과 나눔이 없을 수도 있다. 당연하다. 고전에는 정답이 없다. 나한테 맞는 '해석'이 있을 뿐이다. 여기서 중요한 건 나의 과정처럼 그런 사유와 깨달음의 시간이 있었느냐다. 그것이 있어야, 진정한 어린아이 단계에 들어왔다고 할 수 있다.

'메신저'가 되라

어린아이 단계가 되면 이제 책을 읽고 내 철학을 만들 수 있게 된다. 내가 만든 철학으로 다른 사람의 성공을 돕는다. 돈은 저절로 따라온다. 이게 바로 '메신저'로서 의 삶이다.

토니 로빈스, 브렌든 버처드, 김미경, 김창옥 그리고 고명환. 이 시대의 대표적인 메신저들이다. 세계적인 동기부여 전문가 인 토니 로빈스는 메시지 하나를 전하는 데 1억 원 정도를 받는 다고 한다. 성과 코치이자 자기계발 트레이너인 브렌든 버처드 도 자신의 책《백만장자 메신저》에서 한 번에 수천만 원을 받고 메시지를 전한다고 썼다. 이들은 책을 쓰고, 강의를 하고, 아카데미를 만들고, 동영상 강의를 판매해 수십억, 수백억 원을 벌고 있다.

카드 값을 내고 나면 늘 0원이 남는 자본주의의 굴레에서 벗어나는 가장 좋은 방법은 바로 메신저가 되는 것이다. 우리, 책을 읽는 우리가 바로 메신저들이다. 우리가 몰랐을 뿐이다. 책을 읽으면 반드시 자기만의 철학이 생긴다. 다른 사람의 성공을 도울 수 있는 그 철학이 바로 메시지다.

이제 그 메시지를 어떤 방법으로 전달할 것인가를 고민해 선택하고, 실행에 옮기면 돈은 저절로 따라온다. 내가 가진 직업 외에 여러 가지 파이프라인이 생기는 것이다. 내가 잠자는 동안에도 책은 팔리고 유료 동영상 강의도 다운로드된다. 이렇게 파이프라인을 여러 개 가지면 비로소 자본주의의 굴레에서 벗어날 수 있다. 내 경우를 보면 요식업 외에 한 번 강의 하면 300만 원을 받는다. 내가 잠자고 있는 동안에도 계속 팔리는 내 책은 책값의 10퍼센트가 내 수익이다. 유튜브 역시 24시간 노출되고 있으며, 매달 500달러씩 입금된다. 이 유튜브 수익은 점점 늘고 있다.

이 책이 출간된 후 2023년 말부터는 고명환 아카데미도 운영할 계획이다. 홈페이지를 만들어 동영상 강의도 판매할 것이다. 이렇게 구체적으로 얘기하는 이유는 지금 이 책을 읽고 있는 당신도 메신저로서 이런 일들을 할 수 있다는 것을 알려주기 위함이다. 이 방법 외에도 당신 스스로 메시지를 전달할 수 있는 방법을 얼마든지 찾을 수 있다.

이 모든 걸 혼자서 할 수 있다. 나 역시 아직까지 혼자 하고 있다.《백만장자 메신저》의 저자 브랜든 버처드도 매출 200만 달러까지는 혼자 일했다. 메신저의 장점이다. 심지어 즐기며 일한다.

이 모든 게 어린아이 단계가 되면 가능하다. 얼마나 신나는 일인가! '난 개그맨도 아니고 유명 강사도 아닌데 어떻게 메신저가 되지?'라며 걱정하지 마라. 모든 사람들이 메신저가 될 수 있다. 단지 메시지를 전달하는 방법을 몰라서 그동안 메신저가 되지 못한 것뿐이다.

지금 이 책을 읽고 있는 우리 모두 메신저가 되자. 시작할 때 자본도 필요 없다. 방법은 책이 다 알려준다. 안 할 이유가 없다. 자본주의를 이길 수 있는 가장 강력한 무기다. 그리고 감사하게도 현재 책을 읽지 않는 사람들이 점점 늘어나고 있다. 그 사람들이 모두 우리의 고객이다. 축하한다. 난 이미 당신의 심장소리를 들었다. 그렇다. 그렇게 설레면 된다. 당신은 이미 위대한 메신저다. 꾸준히 책만 읽으면 된다. 메신저 선배로서 동료가 된 당신을 환영한다.

"어서 오시게."

책을 만나면 책을 죽여라

"부처를 만나면 부처를 죽이고, 스승을 만나면 스승을 죽여라."

당나라 때 임제臨濟라는 선사(선종의 법리法理에 통달한 승려를 일컫는 말)가《임제록》에 이런 말을 담았다. 살불살조殺佛殺祖. 부처를 만나면 부처를, 스승을 만나면 스승을 죽이라고 말이다.

자신의 스승을 가차 없이 죽이라는 이 말의 숨은 뜻은 무엇일까. 바로 고정관념을 버리라는 것이다. 부처의 가르침, 스승의 가르침은 불변의 진리라고 생각하지 말고 나만의 생각을 찾으라는 말이다.

진리란 뭔가 대단한 곳에 있을 것 같지만 실은 그렇지 않다. 부처나 스승을 신성시하면 절대 참진리를 깨달을 수 없다. 나는 이 말을 읽고 이렇게 바꾼다.

"책을 만나면 책을 죽여라."

책을 뛰어넘으란 얘기다. 책 속에는 수많은 위대한 철학이 있다. 하지만 여기서 중요한 것이 있다. 위대하지만 지배당하진 말아야 한다는 것. 이미 만들어진 위대한 생각으로 지금 탄생하는 내 생각을 덮어버리는 것을 경계해야 한다. 모양 없이 자유롭게 태어난 내 생각을 위대하다고 알려진 생각에 끼워 맞추면 안 된다.

책 속에 있는 위대한 철학은 내 새로운 생각의 탄생을 돕는 재료로 써야 한다. 그저 재료면 충분하다. 위대한 철학이 담긴 책을 읽은 후 새롭게 태어난 내 생각으로 그 책을 덮어버려라. 그렇게 책을 죽여라. 그리고 나도 죽여라.

책을 읽으면 나를 들여다보게 된다. 지금의 나를 적나라하게 볼 수 있다. 책을 읽고 기존의 나를 죽이고 새롭게 태어나라. 이

전 것은 지나갔으니, 보라! 새것이 되었도다. 이렇게 우리는 매일 새롭게 태어날 수 있다. 어제의 나는 어제 죽이고 오늘은 새로운 생각을 가진 나로 태어나라. 그렇게 매일 새롭게 태어나다 보면 어린아이가 된다.

어린아이 단계를 왜 어린아이라고 하냐면 매일 새롭게 태어나기 때문이다. 낙타나 사자에 머물면 어른이 된다. 머물지 말고 흘러야 하는데 고인 물이 되는 것이다. 어른이 되면 지루하다. 날마다 새롭지 않기 때문이다. 새롭게 탄생한 울퉁불퉁한 생각이어야 어제의 나를 죽일 수 있다. 늘 하던 낡은 생각, 남의 철학으로 재단된 평평한 생각으로는 어제의 나를 죽일 수 없다. 어제의 나로 다시 태어나지 말자. 책이 도와준다. 책을 읽고 새 생각을 장착한 어린아이로 오늘 태어나자. 그래야 매일매일이 신기하고 재밌다.

한 줄 읽고,
한 시간 생각하고

《노자와 장자에 기대어》를 읽다가 한 구절에서 멈췄다.

> 이것이 존재하는 모든 것이 서로 다른 방향으로 운동하면
> 서 우주의 완결성을 이루는 것과 같다. 여기서 자유가 태
> 어난다.
>
> **_《노자와 장자에 기대어》중에서**

이 문장을 읽고 무려 한 시간 동안 사색에 잠겼다.
맞다. 인간 외에 모든 생물은 각자의 방향으로 서로 다르게

나는 어떻게 삶의 해답을 찾는가

움직인다. 코끼리는 코끼리의 갈 길을, 고래는 고래의 갈 길을, 파리는 파리의 갈 길을, 민들레는 민들레의 갈 길을. 가끔씩 서로 교차하기도 하지만 여전히 각자의 방향으로 삶이 흘러간다. 엉망진창 뒤죽박죽 같지만 그 속에 자유가 있다.

그런데 인간만 그렇지 않다. 인간들만 한 방향으로 흘러간다. 자본주의에 세뇌당해 돈과 성공이라는 방향으로 모조리 흘러간다. 질서 정연하지만 자유가 없다. 엉망진창은 없고, 감시와 통제가 있다. 이런 생각을 하느라 한 시간에 한 줄밖에 못 읽는다.

그러다 다시 읽기 시작해 140쪽에서 멈췄다.

> 쓸모없던 것이 쓸모 있게 되거나 쓸모 있던 것이 쓸모없게 되는 것을 먼저 알아차려 대응하는 것도 선견지명이다. 이런 선견지명을 효율적으로 잘 발휘한 사람들이 항상 부나 권력을 차지한다.
>
> _《노자와 장자에 기대어》 중에서

이번엔 이 구절에 멈춰 두 시간 동안 방 안을 서성이며 생각에 잠겼다. 그래, 쓸모없던 것을 쓸모 있게 만들면 돈이 된다.

나한테 쓸모없는 것을 남한테 쓸모 있게 만든 것이 당근마켓이다. 예전에 뻥튀기 기계를 아프리카에 수출해서 대박이 났다는 얘기를 들은 적이 있다. 우리나라는 이제 거의 안 쓰는 뻥튀기 기계를 아프리카 사람들이 얼마나 신기해했을까!

뭐가 있을까. 욕지도에서 장어를 통발로 잡는 어부들은 장어 외에 물고기는 잡어 취급하며 버리거나 나눠준다. 이 잡어들이 장어 잡는 어부에게는 쓸모가 없지만, 서울로 가져가면 어디서도 팔지 않는 고급 횟감, 고급 생선구이가 될 수 있지 않을까. 아, 그러고 보니 꽃게를 잡는 친구에게는 문어가 골칫거리라는 말을 들은 적이 있다. 문어, 얼마나 고급 수산물인가! 그것을 모았다가 가져올 수 있는 방법이 없을까.

생각이 멈추지 않는다. 생각은 점점 확장되며 나는 과연 어디서 쓸모 있는 사람인지 스스로에게 질문을 던진다. 난 다양한 곳에서 쓸모 있는 사람이 되고 싶다. 그렇다면 어떻게 해야 하는가? 역량을 내 안에 쌓아두면 된다.

이런 생각을 하며 방 안을 서성이다가 창문을 열고 하늘에 떠 있는 달과 별을 본다. 맑은 공기를 맘껏 들이마시고 책과 함께 사색하는 나를 쓰다듬어준다. 난 이미 쓸모 있는 인간이다.

세 시간 동안 고작 3페이지 읽었지만, 높아진 사유의

시선은 값으로 따질 수 없을 정도다. 어린아이 단계에는 이런 책이 좋은 책이다. 한 문장을 가지고도 한 시간을 생각하게 만들고, 3페이지를 읽고도 계속되는 깨달음을 얻게 하는 책 말이다.

고요의 순간

파스칼은《팡세》에서 이렇게 말한다.

인간의 불행은 조용한 방에 홀로 앉아 있지 못하는 데서
시작된다.

_**《팡세》** 중에서

'고요의 순간'을 견디는 것은 그만큼 어렵다. 그래서 우리는
항상 핸드폰을 켠다. 어쩌면 책을 읽지 못하는 것도 고요를 견
디지 못하기 때문일 것이다.

우리는 억지로라도 고요한 시간을 가져야 한다. 그래서 최진석 교수님은 많이 걸으라고 말한다.

'고요'라고 해서 몸도 움직이지 말고 가만히 있으라는 것이 아니다. 아프리카 부족들이 모닥불을 중심으로 빙글빙글 춤을 추며 도는 이유도 리듬을 통해 감각의 정점에 도달하기 위함이다. 아리스토텔레스는 이것을 가리켜 카타르시스라 했고, 이 순간을 거치면 정화淨化된다고 했다. 정화의 순간이 곧 고요의 순간인 것이다.

산티아고 순례길이 유명해진 이유는 절망에 빠진 사람들이 모든 걸 내려놓고 걷고 또 걷다가 고요를 체험하고 다시 반등하는 순간을 맞이했기 때문이다. 모든 걸 내려놓으면 고요해진다. 고요해질 수밖에 없다. 뭔가 욕심을 들고 있으면 그곳에선 항상 소음이 나기 때문에 고요할 수가 없다. 욕심을 던져버려야 고요를 체험할 수 있다. 헤어진 애인에 대한 집착을 버리는 순간이 고요의 순간이다.

고요의 순간을 경험하라. 내가 고요의 순간을 경험한 계기는 교통사고다. 난 교통사고 순간에 고요를 경험했다. 마치 영화에서 권투선수가 상대방에게 계속 공격을 당하다 어느 순간 사방이 고요해지며 응원하는 사람들의 모습만 보이는 것으로 묘사되는 그 순간과 같다. 각성의 순간이다. 이런 장면 이후에 주인공은 갑자기 돌변해서 상대방을 이겨버린다.

영화감독도 고요의 의미를 잘 안다. 영화 〈쇼생크 탈출〉을 보면 모건 프리먼은 석방 심사를 받을 때마다 정말 착해진 사람처럼 연기를 하지만 항상 심사에서 탈락한다. 똑같은 방법으로 심사에서 몇 번 탈락하자 결국 모건 프리먼은 심사위원들에게 성질을 내고 자신이 하고 싶은 말을 다하며 폭발하게 된다. 그 순간 모건 프리먼은 고요한 상태다. 전진에서 역진으로 바뀌는 순간이다. 그러자 심사위원들은 모건 프리먼의 석방을 승인한다.

골프에도 이런 고요의 순간이 있다. 백스윙에서 다운스윙으로 내려오는 바로 그 교차 지점이 고요의 순간이다. 그 고요의 순간을 잘 견디지 못하기 때문에 스윙이 빨라지고 골프가 엉망이 되는 것이다. 심지어 고요의 순간이 없는 스윙을 하는 사람들도 많다.

고요를 위해 한 가지를 제안한다. 우리, 화장실에 갈 때만이라도 빈손으로 가자. 아무것도 없는 상태로 고요를 경험하자. 핸드폰은 당연히 던져버리고 책도 놓고 그냥 몸만 가자. 화장실에 앉아서 고요를 경험하자. 조금씩 고요와 친해져야 진짜 고요를 느낄 수 있다. 내 삶의 방향을 바꿀 수 있는 고요의 순간을 만나보자.

무기가 가득한
나만의 서재 만들기

나는 현재 3000권 이상의 책을 가지고 있다. 내 방에, 거실에, 엄마 집에 큰 책장들이 있다. 그리고 별도로 또 하나의 서재가 있다. 100여 권의 책이 별도로 꽂혀 있는 서재, 무기가 될 나만의 서재다.

나만의 서재는 내 방 한쪽 벽면에 있다. 이 서재는 크게 세 부분으로 나뉜다. 언제나 보고 또 봐야 하는 책들, 당장 아이디어를 생산하는 데 도움이 되는 책들, 새로 구입한 책들이다.

무기가 될 나만의 서재 첫 번째 공간에는 내 인생을 완성해

줄 책들이 꽂혀 있다. 언제나 보고 또 봐야 하는 책들 말이다. 현재 여기에는《손자병법》,《까라마조프 씨네 형제들》,《그리스인 조르바》,《사기열전》,《돈키호테》,《레 미제라블》,《이방인》,《나르치스와 골드문트》,《싯다르타》,《목로주점》,《인간의 대지》,《노인과 바다》,《데미안》,《몽실 언니》,《인간이 그리는 무늬》,《메밀꽃 필 무렵》,《월든》,《스토너》등이 꽂혀 있다.

난 가장 힘들 때 이 공간의 책들 앞에 선다. 그리고 제목들을 천천히 음미하며 읽는다. 손에 잡히는 한 권을 뽑아 내가 줄을 긋고 여백에 적어놓은 문장들을 읽는다. 그러다 보면 '지금은 이 책이다' 하는 느낌이 온다. 어제는《까라마조프 씨네 형제들》이 그런 책이었다. 읽을 때마다 새롭다. 이번엔 조시마 장로의 죽기 전 마지막 설교에서 악행을 대하는 마음과 죄에 대한 깨달음을 얻었다.

이 공간에 있는 책들은 읽을수록 신비한 힘이 느껴진다. 나만을 위해 살고자 하는 욕심을 없애주고, 진심으로 타인의 성공을 도우려는 마음이 생기게 하며, 빨리 성공하고자 하는 조급한 마음을 없애주고, 돈보다 훨씬 소중한 것들을 생각하게 한다. 그래서 결국 내가 어떻게 살아야 아름다운 죽음을 맞이할 수 있나를 깨닫게 해준다.

이곳은 내 인생에서 가장 중심이 되는 서재다. 인간은 기준이 있을 때 두렵지 않다. 그러니 자신의 기준이 되는 서재 공간을 만들어라. 지금 당장 삶의 기준이 될 책들을 꽂아둘 서재를 만들고 그 공간에 놓아둘 책들을 찾으라. 그렇게 세상을 이기는 가장 강력한 무기를 장착하라.

이 공간의 책들은 많을 필요가 없다. 50권 미만이면 된다. 물론 책들은 계속 늘어난다. 하지만 빠르게, 많이 늘지는 않는다. 어떤 때는 몇 년 만에 한 권이 추가된다. 그만큼 고르고 고르고 또 골라낸 책들이다.

두 번째 공간에는 지금 이 시간 내 삶에 도움이 되는 책이 꽂혀 있다. 아이디어를 얻기 위한 책들이다. 여기엔 세스 고딘의 모든 책, 최진석 교수님의 모든 책, 유현준 교수님의 모든 책, 토니 로빈스·조던 피터슨·유발 하라리·재레드 다이아몬드·말콤 글래드웰·김미경 강사님·김승호 회장님·이랑주 작가님의 책들, 시인 박노해·문태준·반칠환 님의 책 등이 있다.

이 공간의 책들은 창의적인 아이디어를 만들어준다. 가만히 앉아 아이디어를 만들 수 있지만 힘들다. 무에서 유를 창조하는 것은 거의 불가능하다. 이럴 때 책을 읽어 모방하고, 살짝 비틀고, 이 책과 저 책을 편집해 새로운 나만의 것을 만들 수 있다. 또 모든 홍보와 마케팅 방법도 이 공간에서 배웠다. 한마디로 돈을 벌 수 있는 구체적인 방법을 공부하는 곳이다. 첫 번째 공간이 '왜 돈을 버는가?'를 알려준다면 이 두 번째 공간은 '어떻게 돈을 벌 것인가?'를 알려준다.

이 공간의 권수는 들쭉날쭉하다. 100여 권에 다다를 때도 있고, 50여 권으로 줄어 있을 때도 있다. 내가 지금 하고 있는 질문이 계속 변하기에 이 공간의 책도 계속 변한다. 권수의 변화를 보며 느끼는 즐거움은 덤이다.

세 번째 공간에는 새로 구입한 책들이 꽂혀 있다. 이 공간은 내 인생의 파이를 키워주는 곳이다. 내가 전혀 몰랐던 분야들을 배운다. 내가 최근에 구입한 도서목록은 이시한 님의《GPT 제너레이션》, 김광석 님의《경제 읽어주는 남자의 15분 경제 특강》, 호리에 다카후미의《가진 돈은 몽땅 써라》,《네빌 고다드 강의 상상의 힘》, 브랜든 버처드의《백만장자 메신저》, 질 들뢰즈의《니체와 철학》, 류시화 님의《나는 왜 너가 아니고 나인가》, 헤르만 헤세의《수레바퀴 아래서》, 이지성 작가님의《1만 킬로미터》, 에밀 아자르의《자기 앞의 생》, 단테의《신곡》, 한근태 님의《말은 임팩트다》, 말콤 글래드웰의《타인의 해석》, 유발 하라리의《멈출 수 없는 우리》, 니체의《선악의 저편》, 조지 버나드쇼의《인간과 초인》등이다.

새로운 책들은 내 공간을 넓혀준다.《백만장자 메신저》를 읽고는 '고명환 아카데미'를 떠올렸다. 작년 겨울에 박정부 회장님의《천 원을 경영하라》를 읽고는 와인 안주용 잡채를 만들어 해외에 수출해야겠다는 아이디어가 탄생했다.《GPT 제너레이션》을 읽고는 '이젠 상상력을 파는 시대'라는 강의를 만들었다. 이렇게 새로운 책들은 내 공간을 넓혀준다. 공간을 많이 확보할수록 돈을 벌 수 있는 기회는 많아진다. 책이 쌓일수록 신난다.

나는 이 서재를 나의 '무기고'라고 부른다. 이 책들 앞에 서면 나는 거인이 된다. 모든 우주가 내 앞에 놓여 있고 모든 기회가 내 손아귀 안에 있다. 두려움도 고통도 없다. 아름다운 나의 삶이 있을 뿐이다.

무기가 될 나만의 서재는 전체 책의 10퍼센트 정도로 만들면 된다. 난 이곳에 300권 정도의 책을 꽂아두었다. 당신이 가진 책이 100권이라면 10권 정도부터 시작하면 된다.

나만의 서재는 신중하게 고르고 고른 책으로 만들어라. 무기가 될 나만의 책을 찾아내는 재미를 느껴라. 그런 능력을 갖출 수 있게 노력하라. 그리고 가능하다면 아무에게도 보여주지 마라. 당신 홀로 우주의 비밀을 캐내라. 그 앞에서 당신은 신神이 될 것이다.

이것이 진정한 안정적인 삶이다

철학자 탈레스는 수학과 과학에서 엄청난 업적을 남겼다. 우리가 지금 쓰고 있는 '1년은 365일'이라는 개념도 탈레스가 만들었고, 수학에서 도형에 관해 꼭 알아야 할 '탈레스의 정리'도 그가 만들었다. 탈레스에게는 재미있는 일화가 하나 있다.

탈레스가 사람들을 모아놓고 세상의 진리에 대해 말하자 사람들이 따졌다. "그래서, 철학이 밥 먹여준답니까?" 이 말을 들은 탈레스는 올리브 착유기를 모조리 사들인다. 한겨울이라 아주 싼값에 살 수 있었다. 사람들은 역시 탈레스가 엉뚱한 생각만 하더니 하는 짓도 멍청하다며 비웃었다. 다음 해 올리브 농

나는 어떻게 삶의 해답을 찾는가

사가 잘되어 풍년이 들고, 착유기 수요도 급증한다. 탈레스는
착유기를 빌려줘 큰돈을 번다.

탈레스의 이야기는 우리 인생에서 돈보다 중요한 것이 있다
는 것을 깨닫게 한다. 탈레스는 돈 버는 법을 몰라서 돈을 벌지
않은 것이 아니었다. 돈이 필요하지 않아서 벌지 않았다. 더 나
아가 그는 우리 인생에 돈보다 훨씬 중요한 것이 있다는 것을
알았다. 바로 깨달음에서 오는 쾌락이다. 그 깨달음으로 타인의
성공을 도울 때 느끼는 만족감이다. 이런 느낌이 돈을 쓰며 느
끼는 쾌락보다 훨씬 좋다는 걸 탈레스는 알았다.

끌려다니는 삶을 살 때는 안정을 추구한다. 안정적인 수입,
안정적인 직장, 안정적인 내 집 마련을 위해 무작정 돈을 벌려
고 한다. 하지만 어린아이 단계가 되면 일단 질문을 던진다.

"안정이란 무엇인가?"
"진정 안정적인 상태는 어떤 상태인가?"

'안정'을 사전에서 찾아보면 이렇게 정의하고 있다.

안정安定

1.바뀌어 달라지지 아니하고 일정한 상태를 유지함.

2.분쟁과 분란 없이 조용하고 평안한 상태를 의미한다. 분쟁 이외에도 변화가 없는 상태를 안정이라고도 말한다.

정의를 보고 이렇게 깨닫는다. '아, 안정은 결코 좋은 말이 아니구나. 그래서 안정을 좇는 삶이 힘들구나.' 안정은 한마디로 '변화가 없는 상태'다. 성자 안젤름 그륀의 책《머물지 말고 흘러라》가 생각나는 대목이다. 인간은 머물지 않고 변화하며 성장해야 한다. 그럴 때 가장 행복감을 느낀다. 살아 있다는 것을 느낀다.

우리의 욕구는 뇌와 연결된다. 원시시대 인간들은 온갖 야생동물과 추위로부터 몸을 보호해야 했다. 안정적인 울타리, 동굴, 그리고 꾸준히 먹을 수 있는 동식물이 필요했다. 그 욕구가 안정이라는 감정을 불러온 것이다. 하지만 현대 사회는 먹고 입고 자고 싶다는 욕구가 이미 충분히 충족된 상태다. 안정을 추구해야 할 이유가 없다. 모험과 도전을 즐기고, 계속 변화해야 한다. 계속해서 도전해야 진정한 '안정'을 얻을 수 있다.

안정을 추구해야 할 이유가 없는데도 한자리에 머물면서 먹고 자고 편히 쉬고자 하니 성취감이 사라진 마음에 공허함이

나는 어떻게 삶의 해답을 찾는가

자리 잡는 것이다. 결국 우울해지는 것이다.

지금 시대의 안정적인 삶이란, 항상 도전하고 창의력을 발휘해 성취하는 만족감을 가지는 것이다. 그럴 때 우리 몸에 활력이 생기고 기쁨이 넘치고 생의 의미가 충만해진다. 이런 상태를 죽을 때까지 유지하는 것이 진정한 '안정'이다.

다시 한번 자신에게 질문을 던지고 생각에 잠겨보라.

"나에게 진정한 안정은 무엇인가?"

나에겐 지금 이런 상태가 안정적인 상태다. '안정'이라는 말에 대해서 끊임없이 사색하고, 내게 맞는 '안정'을 찾아내고, 내 삶에 적용해 더욱 도전할 수 있는 힘을 얻게 되는 상태 말이다. 이렇게 단어 하나에 숨겨진 의미를 찾는 이 순간이 행복하다. 이런 깨우침의 쾌락을 느껴보기 바란다. 돈으로 살 수 없는, 아무도 대신 해줄 수 없는 행복이다.

도서관은 위대하다

지쳤다. 사람들이 말하는 번아웃burn-out이 왔다. 낚시나 가고 싶었다. 오랜만에 찾아오는 무기력증이다.

지난주에는 전국을 돌며 강의를 했다. 월요일엔 제주에서 한 번, 수요일엔 내 고향 상주에서 네 번, 금요일엔 부산에서 한 번 강의를 했다. 강의와 장사까지 빽빽한 스케줄을 소화하다 보니 지쳤나 보다.

2023년 5월 15일 월요일인 어제는 내 매장 세 곳 중 '메밀박이'만 문을 여는 날이었다. 오후 2시까지 장사를 하고 직원들에게 가게를 맡긴 다음 낚시터로 출발했다. 그런데 너무 늦어서 결국 낚시터에 가지 못했다. 마음이 더 무거워졌다. 잠시 '집에 가서 잘까' 생각했는데 그러고 싶지 않았다. 어디 가지? 고민하는 동안 자연스럽게 내 차는 용산도서관을 향하고 있었다.

평소 자주 가던 남산도서관을 지나(이날 휴관일이었다) 용산도서관으로 가는 길목에 남산돈가스가 있다. 돈가스를 하나 먹고 도서관에 앉아 네빌 고다드의 《상상의 힘》을 읽는다.

> 모든 현실은 우리 내부에서 생겨나는 것이지 결코 밖에서 생겨나는 것이 아니라는 사실을 굳게 믿어야 합니다.
>
> _《상상의 힘》중에서

그렇다. 지금 내 상태는 내가 만든 것이다. 내 생각의 결과물이 지금의 나다. 지난주에 인풋input보다 아웃풋output이 많았다. 그래서 지쳤나 보다. 도서관에 앉아 책을 읽기 시작한 지 딱 15분 만에 다시 열정이 솟아올랐다. 마치 텅 비어 있는 기름 탱크에 고급 휘발유가 콸콸 들어오는 느낌이다. 나는 얼마든지 다시 달릴 수 있다는 열정에 가득 찼다. 나중에 올 결과를 떠나 그 순간의 희열을 잊지 못한다.

도서관의 위대함이다. 몇 년 만에 찾아온 우울감을 딱 15분

만에 고쳤다. 고친 정도가 아니라 오히려 엄청난 아이디어까지 만들었다. 독서 시작 30분 후에 '고명환의 게릴라 강의 콘서트'라는 아이템을 기획했다.

어떤 거냐면 딱 강의 일주일 전에 장소와 시간을 알려준다. 강의는 무료다. 대신 본인이 직접 키운 농수산물, 직접 만든 수제품 등을 가져오는 거다. 물론 그냥 와도 된다. 있으면 가져오는 거다. 그 지역의 특산물과 상품을 소개하겠다는 의도에서다. 예전에 전북 고창에서 강의를 한 적이 있었다. 강의를 들으러 오신 분들은 직접 재배한 땅콩과 차茶, 고춧가루 등을 선물로 가져오셨는데 너무 좋았다. 강의 후에 각자가 가져오신 특산품을 소개하는 시간을 가지면 좋을 것 같다.

강의 시간과 장소를 공지하고 일주일이 지난 후에 난 눈을 가리고 현장에 간다. 몇 명이 와 있는지는 모른다. 눈가리개를 푸는 순간 한 명도 없을 수 있다. 만약 한 명이 있다면 난 그분에게 안겨 울 것이다. 100명이 있다면 오열할 것이다. 그리고 강의를 한다.

지금 이 글을 쓰고 있는 날이 2023년 5월 16일이고 6월에 충남 당진이나 경남 통영에서 촬영을 할 계획이다. 먼저 장소를 섭외하고 일주일 전에 SNS를 통해 공지를 올린다. 촬영은 핸드폰 딱 한 대만 가지고 한다. 쉽게쉽게 실행에 옮기기 위함이다. 당진 특산품을 검색해본다. 감자, 꽈리고추, 바지락 등이 유명하단다. 한 명이 왔을 때, 여러 명이 왔을 때, 수백 명이 왔을 때 등등 상상만으로도 행복하다. 그분들이 주신 감자와 고추를 함께 나누며 강의를 하고 질문을 하고 대답을 하는 그 시간이 얼마나 즐겁겠는가!

고명환의 게릴라 강의 콘서트는 내년에 외국에도 갈 것이다. 일본으로, 미국으로, 유럽으로! 이탈리아 두오모 성당 앞 카페에서 몇 날 몇 시에 만납시다. 과연 몇 명의 사람이 나를 기다리고 있을까? 생각만으로 행복하다.

내가 해온 생각이 지금의 고명환이라는 결과를 만들었다. 이런 좋은 생각을 하는데 내 삶이 잘못된 방향으로 갈 리가 없다. 낚시를 가는 것도 좋지만 낚시는 당장 그 시간에만 좋다. 낚시를 마치고 집으로 올라올 때면 다시 공허함이 느껴진다. 도서관에 앉아 책 읽는 순간은 힘들지만 이런 좋은 생각과 결과를 가져온다. 과정도 즐겁고 결과도 좋은 도서관이다.

도서관은 위대하다. 정신과에 가지 않아도, 우울증 약을 처방받지 않아도 15분 만에 치료해준다. 치료와 더불어 앞으로 힘차게 전진할 수 있는 열정과 아이디어를 준다. 심지어 무료다. 오지 않을 이유가 없다.

　내가 먹는 음식이 나를 만들고 내가 하는 생각이 나를 만들고 내가 만나는 사람이 나를 만든다. 위대한 도서관을 만나라. 도서관에 앉아 위대한 생각을 하라. 책을 삼켜라. 당신은 위대하다.

부록 1. 낙타 단계에서 읽으면 좋은 책

어느 날, 어떤 이유로 열정을 가지고 독서를 시작했는데 흥미가 생기지 않으면 포기하게 된다. 그래서 여기 소개하는 책들은 책과 친해지게 하기 위한 재미있는 책들로 골랐다.

그렇다고 쉬운 책이라 생각하면 오산이다. 특히 반칠환 시인의 〈웃음의 힘〉과 같이 어린아이 단계가 돼야 이해할 수 있는 작품들도 많다. 그럼에도 낙타 단계에 소개하는 이유는 책과 친해질 수 있게 하기 때문이다.

내가 읽는 책의 수준에 얽매이지 마라. 독서는 반드시 단계를 거쳐야 한다. 다른 사람들의 눈을 의식해 재미도 없고, 이해도 되지 않는 책을 들고 다니며 읽는다면 절대 독서가 늘지 않는다. 내가 읽을 수 있는 책을 찾는 능력부터 갖춰야 한다.

어떤 분야든 기본이 가장 중요하다. 이 단계에서 첫 단추를 잘 꿰야 책을 통해 인생을 완성할 수 있다.

《가재미》, 문태준, 문학과지성사
《가진 돈은 몽땅 써라》, 호리에 다카후미, 쌤앤파커스
《가짜 팔로 하는 포옹》, 김중혁, 문학동네
《광고천재 이제석》, 이제석, 학고재
《그로잉 업》, 홍성태, 북스톤

《김밥 파는 CEO》, 김승호, 황금사자

《깊은 슬픔》, 신경숙, 문학동네

《나르치스와 골드문트》, 헤르만 헤세, 민음사

《너무 시끄러운 고독》, 보후밀 흐라발, 문학동네

《노인과 바다》, 어네스트 헤밍웨이, 민음사

《늦깎이 천재들의 비밀》, 데이비드 엡스타인, 열린책들

《달리기를 말할 때 내가 하고 싶은 이야기》, 무라카미 하루키, 문학사상

《데미안》, 헤르만 헤세, 민음사

《돈의 속성》, 김승호, 스노우폭스북스

《동물농장》, 조지 오웰, 민음사

《라이프 스타일을 팔다》, 마스다 무네아키, 베가북스

《마농 레스코》, 아베 프레보, 서문당

《마케팅 천재가 된 맥스》, 제프 콕스·하워드 스티븐스, 위즈덤하우스

《맑고 향기롭게》, 법정, 조화로운삶

《먼 북소리》, 무라카미 하루키, 문학사상

《멈출 수 없는 우리》, 유발 하라리, 주니어김영사

《모리와 함께한 화요일》, 미치 앨봄, 살림

《몽실 언니》, 권정생, 창비

《미친듯이 심플》, 켄 시걸, 문학동네

《바닷바람을 맞으며》, 레이첼 카슨, 에코리브르

《바람의 노래를 들어라》, 무라카미 하루키, 문학사상

《밥 프록터의 위대한 확언》, 밥 프록터, 페이지2

《배짱으로 삽시다》, 이시형, 풀잎

《베로니카, 죽기로 결심하다》, 파울로 코엘료, 문학동네

《부의 추월차선》, 엠제이 드마코, 토트

《불편한 편의점》, 김호연, 나무옆의자

《비상식적 성공 법칙》, 간다 마사노리, 생각지도

《빅터 프랭클의 죽음의 수용소에서》, 빅터 프랭클, 청아출판사

《빗방울처럼 나는 혼자였다》, 공지영, 해냄

《사랑의 생애》, 이승우, 위즈덤하우스

《사업을 한다는 것》, 레이 크록, 센시오

《샐러드 기념일》, 다와라 마치, 새움

《생각하라 그리고 부자가 되어라》, 나폴레온 힐, 반니

《숨결이 바람이 될 때》, 폴 칼라니티, 흐름출판

《슈독》, 필 나이트, 사회평론

《앨저넌에게 꽃을》, 대니얼 키스, 황금부엉이

《언제 할 것인가》, 다니엘 핑크, 알키

《여덟 단어》, 박웅현, 북하우스

《연금술사》, 파울로 코엘료, 문학동네

《울다가 웃었다》, 김영철, 김영사

《웃음의 힘》, 반칠환, 지혜

《웰씽킹》, 켈리 최, 다산북스

《위대한 개츠비》, F. 스콧 피츠제럴드, 문학동네

《유배지에서 보낸 편지》, 정약용, 창비

《이 책은 돈 버는 법에 관한 이야기》, 고명환, 라곰

《이솝 우화집》, 이솝, 민음사

《이어령의 마지막 수업》, 김지수·이어령, 열림원

《인간의 대지》, 생텍쥐페리, 펭귄클래식코리아

《좋아 보이는 것들의 비밀》, 이랑주, 지와인

《징비록》, 유성룡, 서해문집

《책 읽고 매출의 신이 되다》, 고명환, 한국경제신문사

《천 원을 경영하라》, 박정부, 쌤앤파커스

《첫 마음》, 정채봉, 샘터

《2030 축의 전환》, 마우로 기옌, 리더스북

《태양은 다시 떠오른다》, 어니스트 헤밍웨이, 민음사

《프랭클린 자서전》, 벤저민 프랭클린, 현대지성

《해빗》, 웬디 우드, 다산북스

《흔들리지 않는 돈의 법칙》, 토니 로빈스, 알에이치코리아

《흔적을 지워드립니다》, 마에카와 호마레, 라곰

* 덧붙여, 공지영, 김애란, 김언수, 김연수, 김영하, 김훈, 박경리, 박민규, 신경숙, 이승우, 천명관, 한강 등 한국 작가들의 책을 읽을 것을 권한다. 우리말로, 우리글로 시작하는 게 좋기 때문이다.

강연 영상 보러가기

부록 2. 사자 단계에서 읽으면 좋은 책

사자 단계는 이제 스스로 읽을 책을 찾는 단계다. 남들이 전혀 얘기하지 않는 책이지만 내게는 너무 딱 맞는 책을 찾아보라. 그리고 그 책을 소개하는 사람이 돼라.

이 단계를 정복하고 나면 당신은 이제 어디에 버려져도 그 자리에서 부를 이룰 수 있는 역량을 가진다. 내 삶을 완전히 정복할 수 있다.

《12가지 인생의 법칙》, 조던 B. 피터슨, 메이븐

《1984》, 조지 오웰, 민음사

《21세기를 위한 21가지 제언》, 유발 하라리, 김영사

《GPT 제너레이션》, 이시한, 북모먼트

《걸리버 여행기》, 조너선 스위프트, 현대지성

《격몽요결》, 이이, 연암서가

《곁에 두고 읽는 니체》, 사이토 다카시, 홍익출판사

《공간이 만든 공간》, 유현준, 을유문화사

《광장》, 최인훈, 문학과지성사

《괴짜 경제학》, 스티븐 레빗·스티븐 더브너, 웅진지식하우스

《그리스인 조르바》, 니코스 카잔차키스, 열린책들

《그릿》, 앤절라 더크워스, 비즈니스북스

《금각사》, 미시마 유키오, 웅진지식하우스

《기브 앤 테이크》, 애덤 그랜트, 생각연구소

《길 위의 철학자》, 에릭 호퍼, 이다미디어

《네 안에 잠든 거인을 깨워라》, 앤서니 라빈스, 씨앗을뿌리는사람

《논쟁에서 이기는 38가지 방법》, A. 쇼펜하우어, 고려대학교출판부

《도덕경》, 노자, 현대지성

《도시는 무엇으로 사는가》, 유현준, 을유문화사

《디퍼런트》, 문영미, 살림Biz

《레버리지》, 롭 무어, 다산북스

《목로주점》, 에밀 졸라, 동서문화사

《무진기행》, 김승옥, 민음사

《무한화서》, 이성복, 문학과지성사

《백만장자 메신저》, 브렌든 버처드, 리더스북

《분노의 포도》, 존 스타인벡, 민음사

《블링크》, 말콤 글래드웰, 김영사

《사기열전》, 사마천, 민음사

《사피엔스》, 유발 하라리, 김영사

《생각하지 않는 사람들》, 니콜라스 카, 청림출판

《서양미술사》, E. H.곰브리치, 예경

《설득의 심리학》, 로버트 치알디니, 21세기북스

《성경》

《섹스의 진화》, 재레드 다이아몬드, 사이언스북스

《쇼펜하우어 문장론》, 아르투르 쇼펜하우어, 지훈

《수레바퀴 아래서》, 헤르만 헤세, 민음사

《스토너》, 존 윌리엄스, 알에이치코리아

《시간 제어》, 마르크 비트만, 일므디

《아큐정전》, 루쉰, 문예출판사

《열두 발자국》, 정재승, 어크로스

《오리지널스》, 애덤 그랜트, 한국경제신문사

《화산의 온전하게 통하는 손자병법》, 화산, 뿌리와이파리

《유혹하는 글쓰기》, 스티븐 킹, 김영사

《의미 있는 삶을 위하여》, 알렉스 룽구, 수오서재

《이방인》, 알베르 카뮈, 민음사

《이어령의 보자기 인문학》, 이어령, 마로니에북스

《이중나선》, 제임스 왓슨, 궁리출판

《인간 실격》, 다자이 오사무, 민음사

《인간이 그리는 무늬》, 최진석, 소나무

《인생이 왜 짧은가》, 루키우스 안나이우스 세네카, 숲

《자기 앞의 생》, 에밀 아자르, 문학동네

《자발적 가난》, E. F 슈마허, 그물코

《전념》, 피트 데이비스, 상상스퀘어

《제로 투 원》, 피터 틸·블레이크 매스터스, 한국경제신문사

《좋은 기업을 넘어 위대한 기업으로》, 짐 콜린스, 김영사

《지중해 기행》, 니코스 카잔차키스, 열린책들

《짚 한오라기의 혁명》, 후쿠오카 마사노부, 녹색평론사

《책 읽는 사람만이 닿을 수 있는 곳》, 사이토 다카시, 쌤앤파커스

《파타고니아, 파도가 칠 때는 서핑을》, 이본 쉬나드, 라이팅하우스

《푸른 꽃》, 노발리스, 푸른씨앗

《하류지향》, 우치다 타츠루, 열음사

《햄릿》, 윌리엄 셰익스피어, 민음사

* 덧붙여, 세스 고딘의 모든 책

강연 영상 보러가기

부록 3. 어린아이 단계에서 읽으면 좋은 책

사자 단계에서 내 삶을 정복했다면 어린아이 단계에는 내 삶을 완성한다. 내 삶을 완성하기 위한 첫 번째 단계는 내 안에 잠들어 있는 진짜 '나'를 깨우는 것이다. 그리고 그렇게 발견한 진짜 '나'가 이제는 진정 남을 위해서 살아야 하는 이유를 알게 된다.

여기에 추천 책을 넣었지만, 아마 어린아이가 된 당신은 추천 책들에 그다지 눈이 가지 않을 것이다. 그렇다. 이제 당신만의 길을 가라. 누구도 가지 않는 길을 당신이 만들어라. 그 길로 뒤에 오는 낙타와 사자들을 리드하라. 당신도 이제 메신저다.

《경영의 실제》, 피터 F. 드러커, 한국경제신문사
《고백록》, 성 아우구스티누스, CH북스
《나와 나타샤와 흰 당나귀》, 백석, 다산책방
《나중에 온 이 사람에게도》, 존 러스킨, 아인북스
《노자와 장자에 기대어》, 최진석, 북루덴스
《니체와 철학》, 질 들뢰즈, 민음사
《돈키호테》, 미겔 데 세르반테스 사아베드라, 열린책들
《두 도시 이야기》, 찰스 디킨스, 펭귄클래식코리아
《레 미제라블》, 빅토르 위고, 펭귄클래식코리아

《멋진 신세계》, 올더스 헉슬리, 소담출판사

《몰입의 즐거움》, 미하이 칙센트미하이, 해냄

《몽테뉴 수상록》, 몽테뉴, 동서문화사

《백지》, 표도르 도스토옙스키, 문학동네

《변신》, 프란츠 카프카, 민음사

《생각에 관한 생각》, 대니얼 카너먼, 김영사

《섬》, 장 그르니에, 민음사

《소유냐 존재냐》, 에리히 프롬, 까치

《시민의 불복종》, 헨리 데이빗 소로우, 은행나무

《싯다르타》, 헤르만 헤세, 민음사

《우리가 이토록 작고 외롭지 않다면》, 옌스 안데르센, 창비

《원칙》, 레이 달리오, 한빛비즈

《월든》, 헨리 데이빗 소로우, 은행나무

《유발 하라리의 르네상스 전쟁 회고록》, 유발 하라리, 김영사

《이 사람을 보라》, 프리드리히 니체, 아카넷

《이 진리가 당신에게 닿기를》, 돈 미겔 루이스 외, 페이지2

《이슬람의 눈으로 본 세계사》, 타밈 안사리, 뿌리와이파리

《인간 본성의 법칙》, 로버트 그린, 위즈덤하우스

《잃어버린 시간을 찾아서》, 마르셀 프루스트, 민음사

《죄와 벌》, 표도르 도스토옙스키, 민음사

《지하 생활자의 수기》, 표도르 도스토옙스키, 문예출판사

《질서 너머》, 조던 피터슨, 웅진지식하우스

《차라투스트라는 이렇게 말했다》, 프리드리히 니체, 민음사

《참깨와 백합 그리고 독서에 관하여》, 존 러스킨 외, 민음사

《총,균,쇠》, 재레드 다이아몬드, 김영사

《카라마조프 씨네 형제들》, 도스토옙스키, 열린책들

* 덧붙여, 니체, 장 그르니에의 모든 책

강연 영상 보러가기

나는 어떻게
삶의 해답을 찾는가

초판 1쇄 발행 2023년 6월 15일
초판 17쇄 발행 2024년 9월 20일

지은이 고명환
펴낸이 최지연
마케팅 김나영, 윤여준, 김경민
경영지원 강미연
디자인 수오
조판 성인기획
교정교열 윤정숙

펴낸곳 라곰
출판신고 2018년 7월 11일 제 2018-000068호
주소 서울시 마포구 큰우물로 75 성지빌딩 1406호
전화 02-6949-6014 **팩스** 02-6919-9058
이메일 book@lagombook.co.kr

ⓒ 고명환, 2023

ISBN 979-11-89686-82-6 03320